教材分析から課題，思考のズレ，
問い，解決までわかる！

# 論理的に思考する「考える国語」の授業づくり

JN032786

白石 範孝 編著

明治図書

# はじめに

「子どもたちに国語の力をつけたい。読解力をつけたい」と多くの教師は願っています。しかし，「国語の力とは？」「読解力とは？」という具体的な内容について考えることは少ないようです。さらには，どうすれば「国語の力」や「読解力」がつくのかという具体的な指導についての議論も曖昧な議論が多いように感じます。これでは，指導要領が目指す〔知識及び技能〕の習得と〔思考力，判断力，表現力等〕の育成は望めないのではないでしょうか。

私たちは，〔知識及び技能〕を習得し〔思考力，判断力，表現力等〕を養う論理的な思考活動をすることによって「国語の力」や「読解力」を育てていきたいと願って，論理的に思考する国語の授業づくりを考えてきました。それが「考える国語」です。

本書は，『教育科学　国語教育』の2020年4月号から2021年3月号の一年間，論理的に「考える国語」の授業づくりについて連載してきた内容をまとめたものです。

「考える国語」は，作品や文章を丸ごととらえた読みを基盤として，作品や文章を論理的に読めるようにしていくことを目指します。そして，論理的に読むために次のような力を〔知識及び技能〕ととらえ，これらの力の習得・活用を授業づくりの基盤としています。

> ◆様々な**「用語」**を習得し活用する力
> ◆読むこと・書くことにおける様々な**「方法」**を習得し活用する力
> ◆読むこと・書くことにおける様々な**「原理・原則」**を習得し活用する力

子どもたちが文章や作品を論理的に読んでいくためには，論理的に思考し判断し表現するための「用語」「方法」「原理・原則」という〔知識及び技能〕をもつことが必要です。なぜなら，この〔知識及び技能〕が働かなければ，その考えや表現は「なんとなくそう感じる，考える」といったイメージや感覚だけの内容になってしまい，「なるほど！」「どうして？」といった学びや疑問は生まれないし論理的な思考にはつながらないからです。

さらに，「考える国語」においては，子ども自身が「問い」を明確にもつことからスタートする「問題解決学習」を最も重視しています。そして，子ども自身がもつ「問い」を明確に解決していく過程で起こる対話をイメージや感覚だけの内容で終わらせず，「用語」「方法」「原理・原則（きまり）」を資質・能力とした論理的な思考で対話できるようにすることを大切にしています。これが「対話的な学び」であり，「主体的な学び」であると考えます。

「考える国語」の「用語」「方法」「原理・原則」は，子どもたちが主体的で対話的な学びをしていくための重要な〔知識及び技能〕です。この〔知識及び技能〕を教材を通して学習活動の中でいかに習得，活用させていくかが大切なのです。まさに**「教材『で』教える」**，論理的

に思考する**「考える国語」**が，私たちが目指す授業像なのです。

　このように考えると，「考える国語」の授業づくりにおいて重要になってくるのが，教材をどのように読めば，その教材の特徴や仕組みをとらえることができるかという「教材分析」です。本書では，読者の皆さんに「教材分析」のポイントが伝わるように，次の点を意識して構成しました。

①**作品や文章を丸ごととらえ，全体から細部への読みを実現する**

　文学作品の読みにおいては，「なぜ，そのようなことが起こったのか」「どうして，そのように変わったのか」というような因果関係をとらえた読みが必要です。作品を丸ごととらえる読みの重要性はここにあります。

②**作品や文章を大きく三つの部分に分けて読むことで，因果関係や文章の構成をつかみやすくする**

　文学作品においては，作品内容の因果関係を読むことは重要な課題です。この因果関係を読むために，作品全体を次のように大きく三つの場面に分けて，そのつながりを読み，変容の過程をとらえることができるようにします。

　　　1「はじめ」の場面　　2「なか」の場面　　3「おわり」の場面

　説明文においても同じように三つのまとまりに分けて，そのつながり，筆者の意図を読むことができるようにします。

③**作品を簡潔に構造化する**

　作品や文章を読む学習の基本は，子ども全員が作品や文章の全体像の大体をとらえてその内容を簡単に把握できるようにすることです。そのために，構造図はできるだけ簡潔に表現し，因果関係や文章の構成がわかりやすく伝わるように心掛けました。


　本書の「**1　この教材の特性と構造図**」では，上記の①②③を重点に教材を分析しました。「**2　指導の流れ**」は，この分析を基にして，教材の特徴や仕組みを取り出し，どのような「問い」を設定し，その「問い」をどのような「用語」「方法」「原理・原則」を活用して解決していくかというおおまかな「問題解決学習」の流れを示してきました。

　論理的に「考える国語」の授業を通して，子どもたちから「そうだったのか！」「なるほど！」「わかった！」「ということは……」というような声が多く聞かれることを私たちは期待しています。



2021年7月

　　　　　　　　　　　　　「考える国語」代表　　明星大学教授　　白石範孝

# もくじ

# **3**章 文学教材の「考える国語」の授業づくり

# 1章

論理的に思考する
「考える国語」の授業づくり
―12のポイント

#  論理的に思考する「考える国語」の授業づくり
## ―「考える国語」の授業づくりのポイント―

### 1 論理的に思考する「考える国語」とは？

　「考える国語」の授業づくりにおいては，考えるための土台となる次の力を最も大切にしている。

◆様々な「用語」を習得し活用する力
◆様々な「方法」を習得し活用する力
◆様々な「原理・原則」を習得し活用する力

　論理的に思考する「考える国語」の授業は，単なるイメージからの感覚的な内容だけではなく，「用語」「方法」「原理・原則」を糧として，「論理的」に思考したり表現したりすることにつながる「考える」という思考活動を目指している。
　この「用語」「方法」「原理・原則」を習得・活用することを基盤としていくことを最も大切にしているということは，国語の授業で何を学ぶのか？　という知識及び技能を明確にしていくことになると考えている。

### 2 「考える国語」の授業づくりのポイント

　論理的に思考する「考える国語」の授業づくりにおいては，子どもが論理的に思考するための工夫が必要である。そのために，最も重要なことは教材のとらえ方であると考えている。「教材『を』教える」という授業感から「教材『で』教える」と考え，その教材で「何を思考させ，何を学ばせ，何を活用させるか？」を明確にした授業づくりを基本としている。
　このような授業づくりを支えているのが次のようなポイントである。

#### ①教材分析と教材研究
　教材分析で教材の特徴をとらえ，それを「何を教えるか？」という教材研究で授業の方向を考える。

> ◆物語を読むための「10の観点」
> ◆説明文を読むための「10の観点」
> ◆詩を読むための「10の観点」

　以上のようなそれぞれの領域における「10の観点」を分析の観点として，教材の特徴や仕組みを明確にする「教材分析」をする。そして，この特徴や仕組みを通して読んでいくための授業の流れを具体的につくる「教材研究」をしていくこととなる。

## ②「三段階の読み」からの問題解決学習

> ◆第一段階……「思考のズレ」から「問い」をもつ
> ◆第二段階……「問い」の解決を目指す
> ◆第三段階……「問い」を解決し学びを広げる

## ③文章全体を俯瞰する読み（文章構造図から文章構成図に）

　作品や文章を大きく三つの部分（「はじめ」「中」「終わり」）の「三部構成」に分けて全体を俯瞰し，作品や文章を簡単に構造化して全体をとらえる。

　説明文の「文章構造図」とは，形式段落の「まとまり」（形式段落）をつくること。物語においては，「設定」〜「山場」〜「結末」の三部構成をつくることである。「文章構成図」は，形式段落（意味段落）がどのような「つながり」かをつくることである。

## ④「思考のズレ」を生む「課題」づくり

　「課題」とは，単元の導入段階で教師が子どもに提示する活動指示である。

> 例　「どんなまとまりがいくつできる？」
> 例　「お話を『一文で書く』で表現してみよう」

## ⑤「思考のズレ」からの「問い」づくり

　導入段階での「課題」提示には，子どもたちの様々な考えが表現される。これが「思考のズレ」である。この「思考のズレ」は，子どもたちの困った感がある。これを共通の話題とするために「問い」にすることで学習の方向を明確にする。

# ❷ 「三段階の読み」からの問題解決学習

## ①「三段階の読み」とは？

　「考える国語」においては，問題解決を目指していく。そのため次のような「発問」を位置付ける三段階の読みを授業づくりの基盤としている。

### ①第一段階……「思考のズレ」から「問い」をもち主体的な関わりを目指す

　「思考のズレ」を生じさせるための課題としての「発問」によって，子どもに「問い」をもたせる段階。

○「思考のズレ」を生じさせる発問

> 例「この作品を一文で表現してみよう」
> 例「中心人物は誰だろう？」
> 例「この作品のクライマックスはどこ？」

　単元の指導内容を含めた「問い」が生まれる内容を考えた発問にする。

○「思考のズレ」から，子ども自身の「問い」が生まれるとともに解決の欲求を高める

　「思考のズレ」とは，子どもたちの様々な考えの違いである。この違いを自由に表現し合う場が授業の中では重要である。そして，このズレから「何が違うのか？」「なぜ，違うのか？」をはっきりさせることで子ども自身の「問い」が生まれる。この「問い」が，「何を学習するのか？」という学習の方向を明確にすることになる。

### ②第二段階……共通の土俵上での対話を通した「問い」の解決を目指す

　「用語」「方法」「原理・原則」を根拠として，論理的に思考し「問い」の解決を目指していく。そのために，それぞれの解決の段階で次のような発問をしていく。

○解決1

> 例「クライマックスって，どんなところ？」
> 例「それぞれの段落の主語は？」

○解決2

> 例「語り手は誰の立場から話している？」

　以上のようにいくつかの解決策によって，「問い」を論理的に解決していくために「用語」「方法」「原理・原則」を糧とした「発問」を考え，明確に解決していく。

### ③第三段階……「問い」を解決し学びを広げる深い学びを目指す

　学んだことを他の作品で活用して学びを広げて確かな力として定着することを目指していく。

> 例「この文章を100字以内で要約してみよう」
> 例「中心人物の変容を『一文で書く』で表現しよう」
> 例「二つの文章を読み比べてみよう」

　この中で，最も重要になってくるのが，第一次の単元を見通した「問い」をつくるための「課題」としての「発問」である。さらに，この「発問」をつくるための教材の特徴を見出す教材分析も欠かすことのできない重要なこととなる。

　「教材分析」で見えてきた教材の特徴や仕組みから「問い」を解決するための「用語」「方法」「原理・原則」を明確にして，これを次の場面への糧としていく。

## ②　問題解決学習

　「考える国語」の授業づくりにおいては，子どもの思考活動を重視している。この思考活動においては，子どもに問い意識をもたせることが必要である。そのためには，子ども自身が「問い」をもち，その「問い」を解決していくという「問題解決学習」を授業像としている。その中で国語の基礎・基本（「用語」「方法」「原理・原則」）を糧として，次のような論理的に「考える」という思考活動の姿を求めていく。

> ◆「思考のズレ」から問いをもち，その解決を目指す。
> ◆「用語」「方法」「原理・原則」を糧として解決する。
> ◆解決の糧とした内容を活用できるようにする。

　論理的に思考する問題解決学習では，論理的に「考える」という思考活動を重視している。そのため，スタートとなる「問い」をもつ段階がとても重要な活動となる。

## ❸ 「思考のズレ」を生む単元を見通した「課題」づくり

### ⑴ 問題解決学習を目指すために

　子どもが学習の中で論理的に「考える」ことは，学習や教材に対して何らかの「問い」をもつことから始まる。この「問い」には，子どもの「こだわり」がある。この「こだわり」の強さが読みの意識の高さにもつながってくる。

　この「問い」に対する答えをそれぞれが予想しそれを表現し合うことによって，そこには「ズレ」が生じる。この「思考のズレ」を「問い」として解決を図っていくことが国語の問題解決学習と考えている。しかし，ここで問題にしなくてはならないことは，「どのような『問い』をもたせるか？」「何を根拠に『問い』を解決させるか？」である。

　このように問題解決学習においては，子どもにどのような「問い」をもたせるかが大切になってくる。そのためには，「単元を見通す問い」をもたせるための教師の「課題」が最も重要である。この課題から生まれる「思考のズレ」，そしてそこから生まれる単元を見通した子ども自身の「問い」を生む第一段階の活動はとても重要でこれが問題解決学習のスタートとなる。

### ⑵ 「思考のズレ」を生む「課題」

　「考える国語」で重要なことは，子どもが読みの方向をもつための子ども自身の「問い」をもたせることである。そのために，最も重要となるのが教師が子どもに出す活動指示としての「課題」である。

◆ 「～の気持ちを考えてみましょう」
◆ 「筆者は，どんなことが言いたいのでしょうか」
◆ 「～ブックを作りましょう」

等の漠然とした投げかけや活動指示だけではない。

　大切なことは，その指示の中に単元で指導したい「指導事項」やその単元で習得させたい，あるいは「問い」の解決の段階で活用させたい「用語」「方法」「原理・原則」を糧とした内容が位置付けられているかである。例えば……「この説明文は，どんなまとまりがいくつできま

すか？」という課題に対して，子どもたちから様々な考えが出される。ここでは「わからない？」ということも大切にする。この「思考のズレ」から「どんなまとまりができるのだろうか？」という「問い」が生まれ，解決に向かう。解決のために，それぞれの段落の主語をとらえた「主語連鎖」を活用する解決を目指す。

　要するに活動指示としての「課題」は，単元を見通した指導内容を含んだ「課題」であること，そしてこの「課題」から「考える」という思考活動ができ，「知識・技能」の習得と活用を目指した内容を踏まえたものを「課題」としていく。「課題」づくりで重要なことは……

◆明確に解決ができる「課題」であること。
◆「思考のズレ」を生じさせる「課題」であること。
◆教材の特徴を生かした指導事項を明確にし知識・技能の習得・活用ができる内容を見据えた「課題」であること。
◆「用語」「方法」「原理・原則」を糧として，論理的に「考える」という思考活動によって「問い」を明確に解決ができる「課題」であること。

## 3 「課題」の意図

　活動指示として教師が子どもたちに提示する「課題」は，たいていの場合，単元の最初の段階で出すことが多い。それは，この「課題」に次のような意図があり，意図的・計画的な授業の方向が示されているからである。

◆教材分析からの教材の特徴や仕組みが反映されている。
◆その特徴や仕組みから「思考のズレ」が生じ，そこから子ども自身の学ぶ価値のある「問い」が生まれる。
◆「用語」「方法」「原理・原則」を活用することで，「問い」を明確に解決することができる。
◆「問い」の解決の糧とした「用語」「方法」「原理・原則」は，国語の力としての「技」として習得できる。
◆習得した「技」は，「生きて働く力」として，様々な場で問題解決に活用できる力となる。

　このような「課題」によって「何を学ぶか？」「何が出来るようになったか？」が明確となり授業の方向を明確にすることができる。

# ❹ 「思考のズレ」からの単元を見通した「問い」

## ① 「課題」から「問い」

　子どもが学習に対して主体的になるには，子ども自身が「解決したい」「知りたい」といった強い欲求をもつことが重要である。この欲求が，課題から生まれる「思考のズレ」からの「問い」である。具体的には，次のような流れから生まれる「問い」を考えている。

> ◆課題　「こわれた千の楽器」を読んで一文「(中心人物)が(事件・出来事)によって(変容)する話。」で書いてみよう。
> ◆思考のズレ　中心人物が「月」「千の楽器たち」「チェロ」？　と違ってくる。
> ◆問い　「中心人物は誰だろう？」

　この問いは，目先の活動のおもしろさだけを求めているのではない。重要なことは，「教材『で』教える・学ぶ」といった教材の特徴を生かし，学ぶべき国語の力を明確にできる「問い」となることを大切にする。

## ② 「問い」を明確に解決

　「問い」の解決にあたっては，「問い」を論理的に明確に解決していくことを大切にする。論理的に明確に解決するためには，作品の内容だけで議論していくのではなく，解決していくための「言語技術」を習得，活用させていくのである。この段階で，まず大切にしていることは，作品全体を俯瞰した読みを基盤とし場面や段落の関係をとらえることである。

　作品を俯瞰した読みは，いくつかの場面に区切った作品を場面毎に人物の心情だけを読む，あるいは段落毎に１段落から順番に書かれている内容を確認して読んでいくことではない。

　場面ごとのつながりや段落のまとまり，段落の関連を考えた構成をとらえて読んでいくことである。つまり，作品を全体から細部へと読んでいくことである。

　「問い」を解決していくためには，作品全体が把握できていることが基本条件となり，これが作品を論理的に読んでいくことに求められるからである。

　次に大切にしていることは，言語技術を駆使し論理的に「問い」を解決することである。

　作品の内容に偏った読みでは狭い読みで終わってしまい，その読みで何を学んだのかがわからなくなる。一つの読みの学習を通して，何を学んだのか？　何がわかったのか？　何ができるようになったのか？　を子ども自身が自覚できるようにしていく。

　そのためには，言語技術としての「用語」「方法」「原理・原則」や教材の仕組み，特徴を糧として論理的に「問い」を解決していくことが重要であり，この言語技術が他の作品にも活用できる汎用的な力となるのである。

　以上のことを基盤に「問い」の「解決」の条件としては次のようなことを考えている。

---

◆教材の論理（仕組み・特徴）を糧として解決できること。
◆「用語」「方法」「原理・原則」の習得と活用によって解決できること。
◆「問い」に対する解決が明解であること。

---

## ③ 解決の具体

　「こわれた千の楽器」の課題「物語を一文で書いてみよう」から生まれた，問い「中心人物は誰だろう？」の解決過程を説明する。

### ①活動１……物語を登場人物を視点として三部構成に分けてみよう
・「設定の部分」（はじめ）……「月」と「チェロ」
・「山場の部分」（中）　　……「こわれた千の楽器たち」
・「結末の部分」（終わり）……「月」

　登場人物によって，三部構成をとらえるとともに，「月」の登場が最初の場面と終わりの場面であることをおさえ，その重要性をとらえさせる。

### ②活動２……中心人物は誰？
### ○語り手は誰の立場から何を語っているかを読む
　・「設定の部分」（はじめ）……「月」の立場から月の行動と心を語る
　・「山場の部分」（中）　　……「楽器たち」の立場から楽器たちの言動を説明
　・「結末の部分」（終わり）……「月」の立場から月の行動と心を語る

　物語全体は，中心人物の心の変容が描かれていると同時に語り手の語りを読むと「はじめ」と「終わり」で心の変容を表現しているのは，「月」ということがわかる。

　さらに，「月」の心を変えたのは，「楽器たち」であることをとらえるようにする。

### ③活動３……もう一度「一文で書く」
　「～が～によって～する・になる話。」という形式で作品全体を表現する。

　この活動によって，単元の始めに書いた一文と比較して学習内容の定着を図る。

# ❺ 子どもの「困った感」からの「思考のズレ」の重要性

## ① 「考える国語」の「思考のズレ」とは？

　「考える国語」の授業づくりは，「思考のズレ」から生まれる子ども自身の「問い」を「用語」「方法」「原理・原則」を活用して，論理的に「考える」という思考活動を通して解決していくことを基本としている。

　この過程の中で重要となってくるのが，課題に対する子どもたちの「思考のズレ」である。

　この「思考のズレ」が生じることで，子どもたちは自分の考えと比較しながら，さらに考えて「なぜ，そうなるのか？」「どうして？」というような自分自身の「問い」をもつ。この思いが，子どもたちが本当に「考えたい」「知りたい」という強い思いとなり，ここに子ども自身の「問い」が生まれる。

　このように「思考のズレ」を生じさせることが，学習の目当てを明確にし，子ども自身を主体的に学習に向かわせることになる。

## ② 「共通の土俵」としての「思考のズレ」

　課題に対してもった子どもたちの考えを「思考のズレ」と考えることには重要なことがある。それは，「全員の考えが表現され，その考えが全員で共有されているか？」という全員参加を最も重視することである。全員の考えが共有され，それが全員で共通理解した「問い」になったとき，すべての子どもたちが「共通の土俵に上がった」ということになる。これが，子ども自身の「問い」となる「思考のズレ」である。

　「考える国語」の授業づくりで大切なことは，単元の導入時で，全員の「思考のズレ」を共有することで全員が「共通の土俵」に上がり，一人一人の子どもが明確な「問い」をもって学びに向かっていくことである。

## ③ 子どもの「困った感」からの「共通の土俵」

　「全員が『共通の土俵』に上がる」とは？　課題に対して全員が自分の考えを表現し，そこから生まれる「問い」を共通理解することである。しかし，「全員が……」というのは，なか

なか難しいことである。そこで，全員の「共有」「共通理解」を目指すために，課題に対して，子どもたちがもつ「困った」「えーっ」「わからない」という素直な「困った感」を表現させることを大切にする。この「困った感」なら「全員が……」を実現できると考えている。

　例えば，「200字で要約しなさい」という課題に対して自分の考えを表現できる子どもはごくわずかである。大抵の子どもは「全く書けない」「途中までしか書けない」というのが一般的である。これが「困った感」である。

> ◆「要約」って，何をどのように書けばいいの？
> ◆途中までは書けたけど，この後をどう書けばいいの？
> ◆書き出しや文末をどう書けばいいの？
> ◆途中で書けなくなったら「？」マークを付ける

というような困った感を表現させ，これを全員で共有し「『要約』って，何をどう書けばいいの？」という全員共通の「問い」とする。これが「共通の土俵に上がる」ということである。

## 4　子どもの「困った感」の重要性

　「課題」に対する子どもたちの思考の姿は様々である。これを「思考のズレ」として考えてきた。そして，このことを授業で最も大切にしなければならないと考えている。

　なぜなら，授業の本来の目的は，「わからないことがわかること」「できないことができるようになること」「知らなかったことを知ること」というような学習によって「得る・習得する」といったことで，その結果「充実感・満足感・喜び」が得られることである。これが学習することの喜びであると考える。

　そのためには，子ども自身が「何ができないのか？」「何がわからないのか？」「何が知りたいのか？」を自分自身で明確にとらえ，自覚することが必要である。これが子どもたちがもつ，「困った感」である。学習は，この「困った感」をすべての子どもがもつことから始まるのだ。

　子どもたちに課題を提示して自分の考えを表現させる場では，すべての子どもが課題に対して自分の考えを表現できると考えてしまうが，これは，子ども自身を苦しめていることになる。すべての子どもが自分の考えをもてるわけではない。もし，自分の考えを表現できた子どもでも，その内情は「これでいいのかな？」「迷うなあ……」といったそれなりの悩みをもっている。これが，子どもの本音である。「わからないことは，わからない」「知らないことは，知らない」のである。この本音が子ども自身の本当の「問い」になるのである。

　子どもが積極的・意欲的に学習に取り組む姿勢は，「困った感」からの「問い」によって生まれると考えている。そこに「困った感」からの「問い」の重要性がある。

# ❻ 教材分析からの教材研究と授業づくり

## ① 「教材分析」と「教材研究」の関係

　「考える国語」の授業づくりの核となるのが，「教材の論理」である。この論理をその教材がもつ，特徴的な「仕組み」（作品の構成や仕掛け，あるいは伏線）と考える。

　授業づくりにおいては，この「教材の論理」を解き明かしていく教材分析が最も重要となってくる。

　教材はすべて，それぞれに異なる特徴や論理をもっている。したがって，例えばひとことで「物語の授業」「説明文の授業」といった言い方をするが，使用する教材が異なれば授業の展開も違ったものになるはずであり，使用する教材の特徴や論理を生かした指導内容，指導形態，学習活動……といったものを検討するべきなのである。

　反対にいえば，教材によって学習展開が異なり，指導内容，指導形態，学習活動が違うからこそ，国語の授業で様々な「教材で学ぶ」意義があるといえる。

　ではどうすれば，それぞれの教材の特徴や論理を生かした授業をつくることができるのだろうか。

　そこで大切になるのが，「教材分析」と「教材研究」である。この二つは混同されることが多いが，その違いを明確にしておく必要がある。すなわち，

> ◆教材分析……それぞれの教材のもつ特徴や論理をとらえること。
> ◆教材研究……教材分析によって明らかになった教材の特徴や論理を生かした授業計画を立てること。

である。

　この二つをあいまいにすると，教材ごとの特徴や論理の違いが生かされない授業や，どの教材でも展開に変化のないワンパターンの授業になってしまったりするのである。

　また，この「教材分析」「教材研究」は，「考える国語」の「課題」設定にも重要な関わりがある。教材の特徴や論理から「課題」を設定することで「教材『で』何を教えるか」を明らかにした課題設定ができるのである。

## 2 「教材分析」とは？

「教材分析」は，教材のもつ「特徴・論理・仕組み」をとらえることを目的として行う。そのためには，作品や文章を次のような観点で分析することが必要となる。

**①文章全体を俯瞰する読みをする**

○作品全体の三部構成をとらえる

・物語では，「設定の部分」～「山場の部分」～「結末の部分」の三部構成。

・説明文は，「話題・課題の部分」～「事例・具体例の部分」～「まとめ・主張」の三部構成。

**②伏線をとらえ関係をつかむ**

・物語の「設定の部分」を重視して分析し作品の「伏線」を洗い出す。さらに，その伏線は「結末の部分」でどのような変容を見せているかの関係をおさえる。そのためには，「クライマックス」部分での中心人物の「変容点」を明らかにしてとらえる。

・説明文では，「話題・課題」を重視して，この部分にどんな読みの観点（伏線）が表現されているかをとらえる。そして，「まとめ・主張」との関連をとらえる。

　筆者は「どんなことを……」「何を事例として……」「何を主張しようとしているか……」という流れがわかるようにする。

　三部構成をとらえるには，「要点をまとめる」「主語連鎖をみる」等の活動が有効である。次に「事例・具体例の部分」においては，「どんなまとまりがいくつあるか？」を視点として意味段落をつくる。そして，最後に「文章構成図」で全体のつながりがわかるようにする。

## 3 「教材研究」とは？

「教材研究」とは教材分析によって明らかにした教材の特徴，論理を生かした授業計画を立てることである。どんな国語の力を活用させ，どんな読みの力を伸ばしていくのか具体化する。

　教材分析によって，その教材の特徴，論理が明らかになっていれば，「その教材だからこそ活用できる，これまでに習得した力」「その教材だからこそ新たに習得することができる力」といったものが見えてくるはずである。それを学びとして成立させるために，

◆どんな学習活動ができるのか？

◆どんな読みの力を活用できるのか？

◆どんな思考力・判断力・表現力を育成できるのか？

　これらを考え，「教材分析」によって教材の特徴，論理を授業計画に落とし込む必要がある。

# ❼ 「読みの力をつける」ための授業づくり

## ⟨1⟩ 「読みの力をつける」とは？

　「考える国語」の授業の目的は，作品内容を読んでいくことを通して「読みの力をつける」ことを目指している。

　「読みの力をつける」指導においては，何を読みの力ととらえるかを明確にする必要がある。そして，その力がその場限りの読みではなく他の作品や文章を読む場合にも生きて働く力として機能することが重要である。

　以上のことから，作品や文章を論理的に思考する「読みの力」の基盤を次のように考えている。

---

①作品や文章全体を俯瞰した丸ごとの読みを目指す。
②作品や文章全体を簡単に構造化してとらえた読みを目指す。
③読みの技術となる「10の観点」を習得・活用することを目指す。

---

## ⟨2⟩ 作品全体を俯瞰する読みとは？

　「読みの力」の基盤①は，作品や文章を，次のように「はじめ」「中」「終わり」と大きく三つの部分に分けて，作品全体の大体を簡単に把握できるようにすることである。物語の場合，

---

◆ 「はじめ」……物語の「設定」から，中心人物や物語の「伏線」がとらえられる場面。
◆ 「中」　　……中心人物の変容に関わる事件や出来事が起こり，クライマックスに至る
　　　　　　　　山場の場面。
◆ 「終わり」……中心人物の変容後の様子と伏線を回収する場面。

---

　以上のことを次のような一文の形式で表現し作品全体を俯瞰することができるようにする。

---

（中心人物）が（事件・出来事）によって（変容）する話。

---

　この関係を図にすると右のようになる。また，説明文の場合は，「文章構造図」（要点から形式段落のまとまりを見つけ図にする）によって，どんな問題・課題をどんな事例を挙げて明確にし，どのようなことを言いたかったのかを読むことである。さらに，次のような基本三文型から文章全体の流れ，方向をとらえることも全体を俯瞰する読みにつながる。

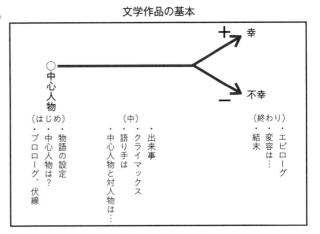

文学作品の基本

◆「頭括型」……多くの場合，結論を「はじめ」で述べ，「中」で事例を挙げ「終わり」がない。
　　　　　　　事実を述べる場合に使われることが多い。
◆「尾括型」……「終わり」の部分で結論，主張を述べる。「驚きや新しい発見」を伝えるのに適した文型である。
◆「双括型」……「はじめ」で「結論」を述べ，「中」でその解説と新しい情報を付加し「終わり」で最初の結論を述べるとともに付加した情報を主張する。

### 説明文の基本文型と特徴

| | 頭括型 | 尾括型 | 双括型 |
|---|---|---|---|
| | [はじめ] [中] [終わり]　結論 | [はじめ] [中] [終わり]　結論 | [はじめ] [中] [終わり]　結論　結論 |
| 特徴 | ・結論を [はじめ] で述べ，[中] で事例を挙げる。・[終わり] に結論はない。 | ・[終わり] で結論，主張を述べる。 | ・[はじめ] で最初の結論を述べ，[中] の前半でその解説を述べる。・[中] の後半で新しい情報を加える。・[終わり] では，[はじめ] の結論に加え，新しい情報を加えた結論を述べる。この「新しい情報」が，筆者の主張，要旨となる。 |
| 効果 | 事実を述べるのに適している。 | 驚きや発見を伝えるのに適している。 | 説得の論法。 |
| 文章の例 | 事件や事故の記事 | コラム | 投書，論説文 |
| おもに扱う学年と，学習上の留意事項 | ・1，2年・文末に注意する。 | ・3，4年・[はじめ] と [終わり] の関係に着目する。 | ・5，6年・[はじめ] と [終わり] の主張に着目する。 |

　初めて文章に出会ったとき，まず大切なことは，以上のようにその作品や文章の全体をとらえることができる力が「読みの力」としての第一歩であると考えている。そして，②の構造化して読むことへとつなげていく。この構造化が2・3章の各事例の「構造図」である。さらに，③の読みのための「10の観点」についてはp.24以降で述べていきたい。

# ❽ 「読みの力」を習得・活用する授業づくり１
## ―文学作品・詩における読みの「10の観点」―

## ① 読みの「10の観点」の習得と活用

　ここでは，p.22の「読みの力」の基盤③の「読みの技術となる『10の観点』を習得・活用することを目指す」読みについて，文学作品と詩の観点から述べる。

◆文学作品を読むための「10の観点」
①題名（中心人物の名前・作品の山場・作品の主題）
②設定（時・場所・季節・時代・人物・話のきっかけ等）
③人物（登場人物・中心人物・対人物・人物関係図等）
④表記（「　」・「，」・「。」・「……」『　』等）
⑤構成（三部構成・場面・伏線・対比等）
⑥くり返し（言葉・文・記号のくり返し・構成等）
⑦視点（語り手の存在・一人称限定視点・三人称限定視点・三人称客観視点・三人称全知視点・視点の転換）
⑧中心人物のこだわり（作品の中で中心人物がこだわり続けているもの・こと・くり返されるもの・こと）
⑨クライマックス（中心人物の変容点・視点の転換・会話文か描写の一文・中心人物のこだわり・題名等）
⑩一文で書く（中心人物の変容・基本文型「〜が〜によって，〜する・になる話。」・中心人物のこだわり等）

◆詩を読むための「10の観点」
①題名（表現の対象が・作品の心が・作品の主題が）
②五感（視覚・聴覚・味覚・触覚・嗅覚）
③設定（時・場所・季節・情景・作品内容の主体等）
④表記（平仮名・漢字表記・間・連構成・様々な記号等）
⑤音数（五七調・七五調・リズム等）

⑥連構成（くり返し・場面・伏線・対比等）
⑦技法と効果（ある効果を醸し出すための技法）
⑧視点（語り手の存在・文末表現・視点等）
⑨くり返し（言葉・文・表記・連構成等）
⑩中心語・文（作品の核となる言葉や文・主題に関連）

## 2 関連させて活用する「10の観点」

「10の観点」における読みは，いつでもどんな作品でも同じようにすべての観点で読んでいくことではない。大切なことは，作品の特徴，特性に合わせ，観点を取捨選択して読みの方向を決めることである。まさに「教材『で』何を教えるのか」を焦点化して，何を習得・活用させるのか，という知識・技能を身に付ける学びを目指すのである。

　また，それぞれの観点を個別に取り上げて別々に読んでいくことではない。「10の観点」は，それぞれが様々な関連をもっている。その関連を図った読みをしていくことが「論理的に思考するための知識・技能」となるのである。

　例えば「この作品の主題はなあに？」の授業は，それぞれの思いを表出し合う曖昧な議論で終始し最後に教師が解説する流れになる。ここに必要な読みの力とは？　何をどうすれば「主題」が読めるかという学びをさせることである。要するに「主題」を読むには，「クライマックス」をとらえる必要がある。そして，そのために，物語の「構成」を読まなければならない。このように「10の観点」は，それぞれの観点が関連し合うのである。

## 3 「10の観点」を「教材研究」に活用

「10の観点」からの「教材分析」を「教材研究」に活用して，以下のような物語における具体的な学習活動を設定して授業をつくっていく。

◆作品の内容に浸る　◆作品のおもしろさをとらえる　◆伏線をとらえる　◆中心人物の変容をとらえる　◆作品の主題をとらえる　◆人物関係をとらえる　◆音読することのおもしろさを味わう　◆挿絵に着目して読む　◆演じる，創作等の発展の活動をする
　詩においては次のような観点で学習活動を設定する。
◆技法をとらえる　◆言葉遊びをとらえる　◆作品内容を読む　◆作品全体のリズムをとらえる　◆音読して味わう　◆創作の楽しさを味わう

## 9 「読みの力」を習得・活用する授業づくり2
—説明的文章における読みの「10の観点」—

## 1 読みの「10の観点」の習得と活用

ここでは説明的文章における読みの技術となる「10の観点」についてその内容を説明する。

◆説明的文章を読むための「10の観点」

①題名（話題・課題が・題材や事例が・筆者の主張が）
　題名が何を象徴しているかをとらえ，文章の内容を予測し大体の読みの方向をもつことができる。

②段落（形式段落・意味段落・主語連鎖）
　説明文の段落は，形式段落が基盤となっている。このまとまりをとらえることが段落の繋がりや意味段落を読むことになる。

③指示語・接続語（指示内容・逆接の接続語・接続助詞）
　文章を読むことは，指示語や接続語をとらえたり，補ったりして読むことで筆者の主張に迫る読みに至る。

④文型（頭括型・尾括型・双括型）
　結論が「始め」にくる「頭括型」，結論が「終わり」にくる「尾括型」，結論が「始め」と「終わり」におかれる「双括型」から筆者の主張と意図を読むことができる。

⑤要点・要約・要旨（要点（形式段落を短くまとめる）・要約（文章全体をまとめる）・要旨（筆者の主張））
　「要点」をとらえることで三部構成が見え，全体を俯瞰した読みができる。さらに「要旨」をつかむことができる。

⑥構成（基本三文型・文章構造図から文章構成図・問いと答えの関係・具体と抽象・三部構成）
　文章構造図から「三部構成」を読むことで文章全体のつながりを把握して筆者の主張を読むことができる。

⑦くり返し（言葉・文・記号のくり返し・双括型の文章における筆者の主張（結論））
　「くり返し」の表現技法から筆者の強調点を読んでいく。

⑧比較しているもの・こと（具体例・表に整理する・筆者の主張・要旨・対比・類比）

　事例の比較内容を表に整理することで，その内容を読む。

⑨一文で書く（主張内容・まとめをとらえる）

　「（題名）とは，（事例・具体例）を通して（主張内容・まとめ）することが大切である。・を主張している。」という文型で読む。

⑩筆者の主張（具体的な内容で示される場合と，具体例を抽象化して表現（要旨）される場合）

　さらに，主張は「要約する」活動で重要となる。「筆者は～と主張している。」というようにまとめる。

## 2 関連させて活用する「10の観点」

　説明文における「10の観点」も文学作品と同じように，文章の特徴や特性によって，取捨選択して観点と観点の関連をもたせた指導が重要である。

　例えば，「文章構成図」を作成する学習においては，いきなり「文章構成図」をつくることは難しい。次のような手順を追った指導が必要になる。「形式段落の要点」をまとめ，そのつながりから「意味段落」を見つけ，そこから「文章構造図」（形式段落のまとまりで意味段落をつくる）として文章全体の構成を読む。そして，この構造図から「文章構成図」（意味段落のつながりを図にする）をつくっていく。このように観点と観点の関連をもたせる指導が重要である。

## 3 「10の観点」を「教材研究」に活用

　「10の観点」からの「教材分析」を「教材研究」に活用して，以下のような説明文における具体的な学習活動を設定して授業をづくりに生かしていく。

◆事例・題材をとらえる（目的・数・内容等）

◆どんなことが比較されているかを読む（内容を表にしたり図にしたりして……）

◆文章の全体構成をとらえる　　　　　　　◆題名と内容の関係を読む

◆使われている「記号」の効果を読む（「」や『』，句読点等の効果を考えて……）

◆要約して内容を把握する　　　　　　　　◆問いと答えの関係をとらえる

◆グラフや図，資料をとらえ，その効果を読む　◆接続語に着目してつながりを読む

◆活用や創作による発展の活動をする

# ⑩ 「考える国語」で習得・活用する思考活動の技1
## ―「用語」の習得・活用―

## ❶ 論理的な思考のための「用語」の習得を……

　国語以外の学習においては「用語」を知ることは，学習の基本とされている。それぞれの教科にはその教科の用語が存在し，その用語を共通理解することで，論理的に思考する思考活動を支えているのである。要するに「用語」を習得することが学習のねらいの一つであり，論理的思考活動の基盤をつくっているのである。

　例えば，算数の学習の「三角形」という用語については「3本の直線で囲まれた形を三角形といいます。まわりのひとつひとつの直線を辺，かどの点をちょう点といいます」という定義を習得することで，論理的に思考，表現する糧となっていくのである。そして，学習者の共通の土俵がつくられるのである。この共通の土俵の上で子どもたちは，論理的な思考，議論を展開していくこととなるのである。

　以上のことを国語の学習で考えてみるとどうだろうか。

　説明文の学習でよく使われる用語「要点」「要約」「要旨」の使われ方はどうだろうか？　それぞれの用語の定義についての学習はなく，「要点をまとめなさい」というように学習指示が出されることが多くないだろうか？　いきなり出された指示に「何が要点？」「要旨って？」「これらの言葉はどう違うの？」と困ってしまうのが子どもたちである。これらの用語の定義についての学習をしていれば，子どもたちも積極的に学習課題に取り組むはずである。

　多くの国語の学習では，用語の定義の学習が行われていない。だから，論理的な思考，論理的な議論が行われていないのである。ここに国語の授業において国語の「用語」をしっかりと習得する学習の必要性を強く感じる。

## ❷ 「用語」の習得・活用からの論理的思考活動

　「用語」の定義を習得することの重要性を述べてきたが，ここで大切にしたいのは，「用語」の定義をただ単に暗記することではない。文章として表現された内容を正しく理解したり，自分の考えが正しく伝わるように表現したりする論理的な思考活動ができるようにするために，用語の定義を活用していくことが必要なのである。要するに，「用語」は，読み取ったこと，そこから考えたことを認識し，思考を組み立てるための技なのである。その技としての働きを

前掲の「要点」「要約」「要旨」を例にして説明する。まず，次のように簡単に定義する。

> ◆「要点」とは？……形式段落を短くまとめること。
> ◆「要約」とは？……文章全体を短くまとめること。
> ◆「要旨」とは？……筆者の主張点。（抽象部分）

　この定義によって，「要点」と「要約」「要旨」の違いを区別できるのである。そうすることで，何を考えて，どうすればいいのかという活動の方向を明確にすることができるのである。また，「要点をまとめなさい」という指示に対して，この定義を活用することによって，「形式段落を短くまとめればいいのか……」という思考の方向を明確にすることができるのである。

　このように，技としての「用語」の習得は重要であるが，「どうすれば，それができるのか？」という「方法」を習得することも重要な道具としての技を習得することとなる。

## ③「主体的・対話的で深い学び」の実現に向けて

　指導要領の方向は，未来を切り拓くための「資質・能力」の育成を目指した教育の実現である。そのために〔知識及び技能〕をきちんと位置付け，その力を〔思考力，判断力，表現力等〕に関連付けた授業づくりをしていくことである。そして，その授業づくりの中で「主体的・対話的で深い学び」の実現を目指した授業改善が求められているのである。

　この授業像をより具体化していくためには，〔思考力，判断力，表現力等〕に生かすための〔知識及び技能〕とはどのような内容で，どのように活用させていくかという〔知識及び技能〕と〔思考力，判断力，表現力等〕の関連が重要となる。

　〔知識及び技能〕を習得・活用し子ども自身がもつ「問い」に対して，子ども自身が「主体的・対話的」な「思考・判断・表現する」という思考活動を通して「問い」を解決していく授業づくりを考えていきたいものである。

　そして「問題解決学習」の過程を通した思考活動によって得た知識及び技能，内容，そして新しい見方・考え方を習得する「深い学び」を子どもたちは獲得していくと考えている。

　以上のことを簡単に表現すると，〔知識及び技能〕を習得・活用することで，思考し判断し表現していく姿を求めている。ここで最も重要にしなければならないのが〔知識及び技能〕である。そして，この〔知識及び技能〕の中で重要なのが言葉としての「用語」である。

　「思考する，表現する」という場においては，この「用語」の力が大きい。その場にふさわしい「用語」を活用することで自分を表現し人と対話を楽しむことにつながると考えている。例えば，「中心人物は誰だろう？」という対話の場において，「中心人物」の定義を知らないと論理的な対話にならず「なんとなく……」で終わり，深まりはみられない。

## ⑪ 「考える国語」で習得・活用する思考活動の技2
―「方法」の習得・活用―

### ① 思考の「技」としての「方法」の習得

　pp.28〜29の「用語」の習得・活用の中で，「要点」の定義を習得することの例を挙げて，思考活動や表現活動における「技」としての「用語」の習得の重要性を説明してきた。しかし，そこには，次の大きな課題があった。それは，「用語」を知っているだけでは本当の意味での「技」にはならないということである。なぜなら，「要点は形式段落を短くまとめること」という用語の定義は知ってはいるが，次の行動となる「何をどのようにまとめればいいのか？」という「方法」がわからなければ，「要点」をまとめることはできず先に進むことができないからである。

　要するに，ここで重要なことは「用語」の定義をより具体的な「技」にするための「方法」を習得し活用するということである。そして，「用語」の習得に加え，この「方法」を習得することが「考える国語」の思考活動のための「技」となっていくのである。

　その例として，「要点をまとめる」ことから説明する。まず，「要点とは？」「形式段落を短くまとめる」という用語の理解。そして，そのことを実現する方法として

> ◆形式段落の中から大事な（まとめをしている）一文を探して取り出す
> ◆その一文を短くまとめる。そのとき，その文の主語を文末において（体言止め）まとめる

というような具体的な方法を習得させていくことで，「要点をまとめる」というゴールに到達できるのである。このように「用語」に加えて「方法」を習得することが，「考える国語」の論理的思考活動の大きな「技」となっていく。

### ② 「方法」を身に付けることの二つの意味

　国語の授業における論理的な思考活動では，「用語」「方法」といった「技」を身に付け，それを活用して考えを深めていくことを目指している。

　ここでの「方法」は，様々な「方法」の習得だけを目指しているのではない。「方法」を身に付けることの目的を次のような二点からとらえている。

## ①「方法」の習得

「何をどのようにすればいいのか？」という方法を習得することを一つのゴールとする。

## ②「方法」の活用

習得した「方法」をそのままでとどまらせず，多種多様な場で活用できるようにする。

要するに「方法」の習得だけを目指すのではなく，その方法を様々な論理的思考活動に生かすことを目指している。これが論理的な思考活動の「技」となるのである。

しかし，例えば説明文の意味段落に分ける学習において，「同じ内容の形式段落のまとまり」という意味段落の定義を知り，「それぞれの形式段落の内容を読んで同じような意味をもつ段落をまとまりにする」という方法で分けると，「どこで分けたらいいのか？」と迷う場面が出てくる。「用語」の定義，「方法」を活用をしているのに，なぜ，このような問題が出てくるのだろう。それは，「用語」や「方法」の中にある「原理・原則」が影響しているのである。

## ③「方法」の習得の事例—「要点」をまとめることの例—

「要点」は形式段落を短くまとめることである。次のような手順でまとめる。

---

①形式段落の文構成をとらえる

　形式段落はいくつの文でできているかをとらえる。

②大切な一文を取り出す

　形式段落は，いくつかの文で構成されている。それぞれの文の役目を考えていくことでまとめや主張を表している一文を探す。これが，その段落の大切な一文となる。

　※この段階では，「大切な一文」が一つとは限らない場合も出てくる。接続詞によって，まとめの文が二文に渡るときがある。この場合は，その二文をまとめることになる。この場合は，主語は両方の文に関係してくるので文末は体言止めにする。

　※この段階での活動は，要点を拡散させてしまうのではなく，一つのゴールへと全員の考えを向かわせていくことになる。

③一文を短くまとめる

　短くまとめるためには，その文の主語を探しその言葉を文末に置く。一文を体言止めで表現することで明確に要点をまとめることができる。

---

以上のような「方法」を明確にすることによって，全員が同じ要点を求めることができるようになるのである。何をどのようにすればいいのか？　という方法を具体的にすることが「方法」の習得では重要となってくる。

## 12 「考える国語」で習得・活用する思考活動の技3
### ―「原理・原則」の習得・活用―

### 1 思考の「技」としての「原理・原則」の習得と活用

　「考える国語」の思考活動の「技」として，これまで「用語」「方法」の習得・活用の重要性を述べてきた。そして，ここでは，これまでの「用語」「方法」という「技」に加えて「原理・原則」という「技」について説明する。

　「方法」の中で例として挙げた「意味段落に分ける」の問題点「どこで分けたらいいのだろう」を明確にしてくれるのが今回の「原理・原則」つまり「きまり」である。もし，この場面で次のような「原理・原則」を活用するとどうだろうか?

◆問いと答えの関係でまとまりができる。
◆形式段落の主語を見つけるという「主語連鎖」のきまりによってまとまりができる。
◆形式段落の要点をまとめ，その内容のつながりでまとまりができる。

　この「原理・原則」があることで意味段落を論理的に求めることができ，その内容を明確にすることができるのである。また，この「原理・原則」である「きまり」を全員がもつことで意味段落を共通理解して一つのゴールを目指すことができるのである。

　物語の「主題」を読む学習においても，「クライマックス」の「原理・原則」をとらえ，そこからクライマックスの一文を特定して，この一文から作品の主題を表現していくという流れの中で「原理・原則」を活用することで論理的に主題をとらえることができるのである。

　この「原理・原則」は，その教材に限った狭い意味でのきまりではなく，様々な教材や場面で活用できる汎用的な力をもっている。そして，論理的に思考する「考える国語」の様々な思考活動の場面で活用することができる。

　他教科における「原理・原則」は，「きまり」「公式」といったものにあたる。そして，これを習得することが学習の目的の一つになっているので「何を学ぶのか?」「何を学んだか?」ということがはっきりするとともに授業の方向もはっきりしてくるのである。これと同じように国語の授業でもこの「原理・原則」を明確にして活用することで論理的に思考する「考える国語」の授業を目指すことができるのである。

## ②　論理的思考に向かわせるための力として……

「考える国語」は「用語」「方法」「原理・原則」といった思考のための「技」の習得と活用を目指した授業づくりを考えている。そして，この「技」を学ぶために，これまで行われてきた「教材『を』教える」授業から「教材『で』教える」授業づくりを目指している。さらに，このことによって，子どもが「何を学んだのか？」「何がわかったのか？」を明確にもてる授業づくりを考えている。

「原理・原則」を把握した読みは，子どもたちを論理的思考に積極的に向かわせていくことになる。「原理・原則」とは，簡単にいえば仕組み・決まりのことである。

例えば，文学作品の読みにおいては，「原理・原則」としての物語の構造（「設定の部分」～「山場の部分」・「クライマックス」～「結末の部分」）をとらえた読みをし，さらには，「設定の部分」における「伏線」をとらえることによって中心人物の心の変容を読むことに至るのである。

説明文の読みにおいても基本構成（序論・本論・結論の三部構成）や「問い」と「答え」の関係を把握して読んでいくことで，何がどのように書かれているかを考えながら読み進めていけるようになる。また，段落と段落のつながりの基本は，「主語連鎖」を読んでいくというような「原理・原則」を習得するという学習がとても重要となる。

漢字指導においても「原理・原則」の重要さは変わらない。「書き順の決まり」「送り仮名の決まり」「部首の決まり」等の「原理・原則」を習得・活用させる学習が必要となる。このような「原理・原則」を知ることは，「筆順の決まりには……がある。だからこの漢字の書き順は……となる」「この漢字の部首は……である。なぜなら漢字の仕組みの……という決まりからです」というように「なぜ，そうなるのか」という根拠を明確にした論理的思考（◆比較する　◆分類する　◆具体化・抽象化する　◆推論する　◆変換する　◆関係付ける　◆関連付ける　◆広げてみる　◆焦点化する等）ができるからである。「原理・原則」の習得は，子どもたちを論理的に思考し「考える」姿に向かわせるのである。

また，「用語」「方法」「原理・原則」の習得と活用は，子どもたちの言葉による見方・考え方をも鍛えていくことにつながると考える。子どもが学習の中で対象と言葉，言葉と言葉の関係を，言葉の意味，働き，使い方等に着目して，とらえたり問い直したりして，言葉への自覚を高めていく「言葉による見方・考え方」を鍛えていくことになると考えている。

# 2章

章

説明文教材の
「考える国語」の授業づくり

「さとうと　しお」（東京書籍）

# 「くらべるってどういうこと」かを考えて読む

**授業のポイント**

相違点と共通点をとらえさせることから「思考のズレ」を生じさせるための課題がポイントとなる。

## 1 この教材の特性と構造図

　1年生，入門期の説明文教材である「さとうと　しお」は，子どもの身近なものを題材に，違いに着目しながら，それぞれの特徴をとらえていく説明文となっている。文章構造も，話題提示となる大きな問いかけに始まって，三つの問いかけの文と答えの文のくり返しのあと，最後の一文でまとめが書かれている「説明文の基本形」といえる文章になっている。子どもにとって，読み取りやすい教材である。

　しかし，この教材を扱う五月頃の1年生は，まだ，文章を読むスピードや読解力，語彙力にも差があると考えられる。そこで，構造に注目しすぎるのではなく，実際の「さとう」と「しお」を用い，「くらべるってなんだろう」という大きな問いかけに対して，子どもたちと一緒に考えながら，「似ているところと違うところを，みつけること」だととらえさせるように文章を読ませたい。

| 大きな問いかけ | 【はじめ】話題提示・似ている　【中】問いかけ①②③ 答え①②③（違い）　【おわり】まとめ 似ている | まとめ 似ている | 答え③ | 問いかけ③ | 答え② | 問いかけ② | 答え① | 問いかけ① | 大きな問いかけ | 似ているところ | 話題提示 | |
|---|---|---|---|---|---|---|---|---|---|---|---|---|
| | | | | ← | | ちがうところ | | → | | | | さとう |
| | | どちらも たべものを… | さとうは、… | なにから できるのでしょう。 | さとうは、… | なめて みると どうでしょう。 | さとうは、… | さわって みると どうでしょう。 | どんな ちがいが ある… | どちらも しろい こなです。 | これは、さとう… | |
| | | | しおは、… | | しおは、… | | しおは、… | | | | これは、しお… | しお |

## 2 指導の流れ

### ●思考のズレを生むポイント

　この教材の題材である「さとうとしお」は，同じ白色で粉であるが，手触りも味も，原材料も違うことを自分の体験から知っている子どもが多い。そこで，「さとうとしおをくらべてみよう」という課題から授業を始めたい。

### ●課題

　さとうとしおをくらべてみよう。

### ●思考のズレ

【くらべてみよう】

|  | さとう | しお |
|---|---|---|
| あじ | あまい | しょっぱい |
| さわる | べたべた | さらさら・ざらざら |
| におい | しない | しない |
| いろ | しろ | しろ |

### ●問い

・違うところと，同じところの両方があるんだね。

・では，「くらべる」ってどういうことだろう。

### ●解決1

　本物の「さとうとしお」を準備し，「くらべてみよう」と問いをだす。すると，子どもは，「先生，触ってもいいですか？」「においをかいでもいいですか？」「食べてもいいですか？」と質問し，「こっちが砂糖で，こっちが塩だ」と答えを導き出す。わかったことを発表させると，「味が違う」「手触りが違う」と，違うところだけを「くらべる」ととらえている子どもがいる。逆に，「同じ白色」「両方とも粉」と，似ているところに着目した子どももいる。「くらべる」という言葉のとらえにズレがあることを確認し，「くらべるってどういうことだろう？」という問いにつなげていく。

### ●解決2

　本文を読む。すると，子どもが比べて見つけたことが，教科書の本文に書かれていることに気づいていく。また，板書を工夫（構造図のように，砂糖と塩の説明を上下で対応させる）することで，構造にも気づかせることができる。

　この本文の読みによって，「くらべるとは，似ているところと違うところをみつけること」だととらえさせることができる。説明文の読解の基本は，この「くらべる＝比較」である。入門期の本教材を用いて，「くらべる」ことの認識を共有させることをねらいたい。

**1年** 「くちばし」（光村図書）

# どうしてくちばしの形が違うのだろう

**授業のポイント**
三つの事例の役割を読んでいくために，表に整理し全体を比較して読むことがポイントとなる。

## 1 この教材の特性と構造図

　1年生で初めての説明文教材である「くちばし」は，子どもたちの興味関心を惹きつける題材といえる。その理由は，「①問いの文と答えの文が，クイズのような構成。②挿絵や写真がたくさん。③読むことで，新しい知識を得て嬉しい」の三点である。文章構造も，同じ問いの文が三回繰り返され，それに対する答えの文が同じような文型で書かれている。とくに，問いの文は，「また，『なんの　くちばしでしょう。』がでてきた」と子どもにとっても読み取りやすい構造である。しかし，初めての教材なので，構造に注目しすぎるのではなく，「どうしてくちばしの形がちがうのだろう？」という課題から，子どもと一緒に，「くらべながら読む」ことで，くちばしにも，いろいろな形と役割があることを楽しみながら読み，もっと調べたい，知りたいと発展学習につなげていきたい。

| | いろいろな とりの くちばしの… みて みましょう。 | | | |
|---|---|---|---|---|
| えの せつめい | | さきが… くちばしです。 | ふとくて… くちばし です。 | ほそくて… くちばしです。 |
| といの文 | | これは、なんの くちばしでしょう。 | | |
| こたえの文 | | これは きつつきの…。 | これは おうむの…。 | これは はちどりの…。 |
| どういうふうにつかうのか | | きつつき は …あなを あけます。 | おうむは… からをわり ます。 | はちどりは… はなのなかに いれます。 |
| なにをしているのか | | そして… たべます。 | そして… たべます。 | そして… すいます。 |

【はじめ】
話題提示
いろいろなとり
くちばし

【中・おわり】
くちばし
問いの文
答えの文と解説

「くちばし」→「だいめい」　くわしくかいてあるもの

## ② 指導の流れ

### ●思考のズレを生むポイント

この教材の題材である「くちばし」は，説明されている三種類とも，どれも特徴的である。そこで，「どうして，くちばしの形が違うのでしょうか」という課題から授業を始めたい。自分と友だちとのズレを解決するために「くらべながら読む」ことをねらいとしたい。

### ●課題

どうして，くちばしの形が違うのでしょうか。

### ●思考のズレ

・くちばしは，みんな同じだよ。
・鳥の大きさ　・鳥の形　・鳥の色　・住んでいる所
・形が違うのは，食べ物の違いかな。
・とがっている「きつつき」は，ドリルやはしみたい。
・まがっている「おうむ」は，ペンチみたい。
・ほそくてながい「はちどり」は，ストローみたい。

### ●問い

どんな違いがあるのか，「くらべながら」よんでみましょう。

### ●解決１

子どもたちは，様々な理由で「形の違い」に注目している。そこで，子どもの意見を本文の叙述にあわせて，「焦点化」していくことが大切になる。焦点化する項目は，「①形　②使い方　③何をするのか」の三つである。

この焦点化は，本文を表で下の構造図のような板書にすることで，子どもが気づきやすくなる。

|  | きつつき | おうむ | はちどり |
|---|---|---|---|
| かたち | とがった | まがった | ほそい＋ながい |
| つかいかた | あなをあける | からをわる | なかにいれる |
| なにをする | たべる | たべる | すう |

### ●解決２

くらべながら読むことで，「はちどり」は，細いだけではなく，長いことで，花の中の蜜をすうことができるという，他の二つよりも複雑なくちばしの形になっていることがわかる。また，「たべる」ことと，「すう」ことの違いもとらえさせたい。１年生の一学期は，子どもの語彙数にも大きな違いがある。そのため，比べながら読むことを通して，言葉の意味を文脈からとらえさせることも大切にしていきたい。

**「うみの　かくれんぼ」（光村図書）**

# どうして，この順番で説明されているのでしょう？

┏━ 授業のポイント ━
三つの事例の順序を問うことから，子どもの困った感からの子どもの問いをつくり，その解決を目指す。

## 1 この教材の特性と構造図

本教材は，「くちばし」に続く説明文教材である。子どもにとって身近な言葉である「かくれんぼ」を題名にした興味関心を惹きつける題材を扱った文章である。「なにが，どのようにかくれているのでしょうか」という問いに対して，三つの事例で答える文章構造も，「くちばし」に似ているため，子どもにとって比較的読み取りやすい文章である。「くちばし」では，「どうして，くちばし形が違うのだろう」という課題から比べながら読む授業を行った。そこで，この教材では，「どうして，この順番で説明されているのでしょう？」という課題にすることで，それぞれの隠れ方の特徴を文と写真から読み比べ，少しずつ複雑な隠れ方になっていることをとらえさせ，事例の順序が簡単なものから複雑なものへと展開することの効果についても考えさせたい。

| | | | |
|---|---|---|---|
| 話題提示 | うみには、いきものが　かくれて　います。 | | |
| 問いの文 | なにが、……かくれて　いるのでしょうか。 | | |
| なにが | はまぐり | たこ | もくずしょい |
| どこに | すなの　なか | うみの　そこ | いわの　ち |
| 特徴 | 大きくて　つよい　あし | からだの　いろを　かえる | はさみで、いわの　どを　小さく　きることが　できる |
| どのよう | すなの　なかに　あしを　のばして、すばやく　じぶんの　からだを　かくれます。 | まわりと　おなじ　いろに　なって、じぶんの　からだを　かくします。 | かいそうな　どを　からだに　つけて、かいそうに　へんしんする　のです。 |
| に | もぐる | いろをかえる | へんしんする |

（左側に「簡単から複雑・難しい」を示す矢印）

## ② 指導の流れ

### ●思考のズレを生むポイント

　この教材の題材である「かくれんぼ」は，説明されている三種類とも，特徴的であり，少しずつ複雑になっている。そこで，「どうして，この順番で説明されているのだろう」という課題から授業を始めたい。比べ読みを通して，高度なかくれんぼへの順序で説明されていることで，それぞれの特徴が比べやすくなる効果があることをとらえさせたい。

### ●課題

　どうして，この順番で説明されているのでしょう。

### ●思考のズレ

・みんなが知っている種類の順番だよ。

・隠れ方が簡単な順番。隠れ方が段々難しくなっている。

・見つかりにくい順番じゃないかな。

・「もくずしょい」は，「へんしんする」って書いてあるから，かくれんぼじゃない。

### ●問い

　かくれんぼは，どのように違うのかな。比べながら読んでみましょう。

### ●解決１

　子どもたちは，名前の知っている生き物や隠れ方，見つかりにくさなど様々な理由で，説明されている順序の違いをとらえている。説明されている順序に注目させるためには，本文を比べ読みしやすくする工夫が大切となる。そこで，本文を「①名前　②隠れる場所　③特徴　④隠れ方」の四つで短冊に書き出し，構造図のような（左ページ構造図参照）板書にする。このような表で読むことによって，子どもが自分から比べ読みしやすくなる。ここで注意することは，本文を表にまとめることが学習の目的ではないということである。

### ●解決２

　はまぐりやたこは，自分の体の特徴を使って隠れている。一方，もくずしょいは，自分のはさみで海藻を切り，体に付けて海藻に変身（化ける）ことで隠れている。このことから，説明される順序が，特徴を強調したり，複雑さをより明確にしたりする効果となっていることがわかる。

　この学習を通して，説明文における事例の順序は，特徴の違いをより明確することで内容をわかりやすくする効果があることを知り，今後の説明文学習に生かしてほしい。

### 「じどう車くらべ」（光村図書）

# 「しごと」と「つくり」ってなんだろう？

┌─ 授業のポイント ─────────────────────┐
　「しごと」と「つくり」を観点にして，三つの事例を比較することで文章全体を俯瞰した内容の読みを目指す。
└────────────────────────────────┘

## 1 この教材の特性と構造図

　子どもたちは，いろいろな「じどう車」が，道路を走っていることを知っている。しかし，子どもが認識しているじどう車の違いは，大きさや形，色など漠然としたものである。本教材では，「しごと」と「つくり」に視点を当て，三つの事例の読み比べを通して，違いを説明している。

　「じどう車くらべ」は，「くちばし」「うみの　かくれんぼ」と同様に，問いに対して，簡素で身近なものから，複雑で特殊なものの順に，事例で比べながら説明する文章構造になっている。「くちばし」「かくれんぼ」という具体が問いの言葉であるのに対して，本教材では，「しごと」とそのための「つくり」という抽象的な言葉が問いの文で使われている。そこで，じどう車の違いを読み比べるだけではなく，「しごととつくりって，なんだろう？」という課題を通して，言葉の概念をとらえる大切さに気づかせていきたい。

| 話題提示 | 問いの文 | ～は | しごと／はたらき | そのため | つくり① | しごとをささえる／とくちょう | つくり② | とくちょう |
|---|---|---|---|---|---|---|---|---|
| いろいろなじどう車が、どうろをはしっています。 | どんなしごとをしていますか。そのためにどんなつくりになっていますか。 | バス　乗用車 | 人をのせる＋はこぶ | そのために | ざせきのところが…つくってあります。 | てあります。 | そとのけしきがよく見えるように…窓がたくさんあります。 | 窓がたくさんあります。 |
| | | トラック | にもつをはこぶ | そのために | うんてんせきのほかは…にだいになっています。 | ています。 | おもいにもつをのせるトラックには…タイヤが…ついています。 | タイヤが…ついています。 |
| | | クレーン車 | おもいものをつり上げる | そのために | じょうぶなうでが…つくってあります。 | ます。 | 車たいがかたむかないように…あしが、ついています。 | あしが、つい…ています。 |

## ② 指導の流れ

### ●思考のズレを生むポイント

この教材の問いの文は「どんなしごとをしていますか。そのために，どんなつくりになっていますか」である。この問いに対して，子どもたちが，答えの文を読みやすいように文章構造的にも書かれている。しかし，「仕事って何だろう？」「つくりって何？」と言葉の定義を問うと，何となく言葉の意味をとらえていたことに気づかされる。この思考のズレを，説明されている三つの事例を読み比べることで，明らかにしていくことを大切にしたい。

### ●課題

「しごと」って何だろう？　「つくり」って何だろう？

### ●思考のズレ

【しごと】

・はたらくこと／・運転手さん／・お金をかせぐこと／・車の仕事は，走ることです。

【つくり】

・鉄とかガラスとかゴム／・すごい所／・個性／・材料／・形のこと／・特徴

### ●問い

それぞれのじどう車の仕事とつくりは，どのように違うのかな。比べながら読んでみましょう。

### ●解決1

まず，「問いの文」を確認する。その上で，子どもたちが，主体的に比べながら読み取りを進めていきやすくするために，本文を「①〜は（名前）　②仕事　③つくり」の三つで短冊に書き出し，構造図のような（左ページ構造図参照）板書にする。

### ●解決2

次に，それぞれのじどう車の仕事とつくりの関係をとらえながら比べていく。

| 乗り物 | 仕事①→つくり | 仕事②→つくり |
|---|---|---|
| バスやじょうよう車 | のせる⇄座席 | はこぶ⇄窓 |
| トラック | のせる⇄荷台 | はこぶ⇄タイヤ |
| クレーン車 | つり上げる⇄うで | はこぶ⇄あし |

つまり，「しごと」とは，「はたらき」のことであり，「つくり」とは，この「はたらき」を支えるための「特徴」である。

これにより，「ほかに，どんなじどう車やのりものがあるのか」を調べる発展学習での視点が，「はたらきとそれを支える特徴」になることを期待したい。

**1** 年 「子どもを　まもる　どうぶつたち」（東京書籍）

# 「ちえ」ってなんだろう？

─ 授業のポイント ─
　「ちえ」の意味をとらえて，それぞれの動物の「ちえ」の内容とその目的をとらえる読みを目指す。

## **1** この教材の特性と構造図

　本単元では，子どものまもりかたなど内容を事柄ごとに読み取り，違いをとらえることが学習のねらいである。しかし，比べる基準となる事例が，一つの意味段落として取り上げられることはなく，鏡ページの一文と「オオアリクイ」の事例の中に含まれる形で書かれる構造となっている。そこで，「ライオン」は，「どのように子どもをまもっているのか」を補足しながら読み比べることが大切になる。また，問いの文にある「ちえ」は，「知識や経験を必要に応じて使うこと」の意味であり，「動物たちがすること」の意味である。1年生には言葉の意味がとらえにくい。そこで，「『ちえ』ってなんだろう？」という課題から，曖昧にとらえていた言葉の意味を正しく読み取ることを目指したい。

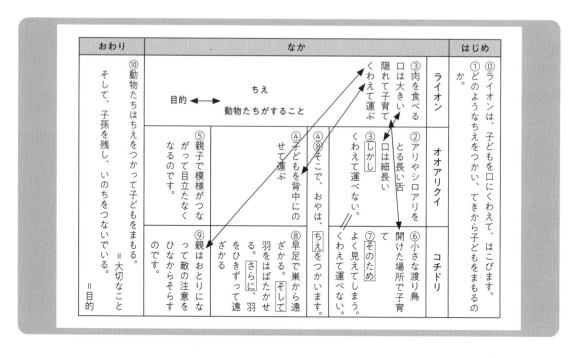

## ②指導の流れ

### ●思考のズレを生むポイント

教材の問いの文にある「どうぶつたちは，どのようなちえをつかい，てきから子どもをまもるのでしょう。」の「ちえ」とは，曖昧に意味をとらえがちな言葉である。そこで，「『ちえ』ってなんだろう？」という課題から，「オオアリクイ」と「コチドリ」を比べ読みする視点を「守り方」と「知恵」と明確にした上で，「知恵とは，もっている力を使うこと」だととらえさせていきたい。

### ●課題

「ちえ」ってなんだろう？

### ●思考のズレ

・頭が良いこと／・考えていること／・工夫やアイディア／・すごい力のこと
・もっている力を使うこと／・動物に「ちえ」ってあるの？

### ●問い

・子どもを守るのに，どんなことをしているのでしょうか。
・オオアリクイが子どもを背中に乗せるのはなぜですか？
・コチドリが巣から遠ざかるのはなぜですか？

### ●解決1

まず，本文の読みの前に，鏡のページにあるライオンの一文と写真を読む。その上で，本文を読み，オオアリクイとコチドリをライオンと比べながら読むことをおさえる。そこで，「表で読む」活動が有効であることに気づかせる。

### ●解決2

次に，「子どもを守るためにどんなことをしているのでしょう」という問いから，それぞれの特徴と動物たちのすること（＝知恵），その目的を整理していく。

### ●解決3

| | ライオン | オオアリクイ | コチドリ |
|---|---|---|---|
| とくちょう | にくしょく<br>そうげん | ながいした<br>ほそながい口 | わたりどり<br>ひらけたばしょ |
| どんな<br>まもりかた | 口にくわえる | くわえられない<br>せなかにのせる | くわえられない<br>すからとおざかる |
| なぜ？<br>目的 | はやく<br>にげたいから | おやこでもようがつながるから | てきのちゅういをひなからそらすから |

「なぜ，そんな守り方をしているのか」を問い，「動物がそれぞれにもっている力を使っていること」がとらえられる。そして，「なぜ動物は子どもを守るのか」の答えとして，子孫を残すために命がけで子どもを守っている動物の使命を読み取ってまとめたい。

「どうぶつの　赤ちゃん」（光村図書）

# 二匹の赤ちゃんの何を比べているの？

## 授業のポイント

　比較の観点を明確にして赤ちゃんの違いを比較する読みから，その違いの理由を読んでいくことを目指す。

## 1　この教材の特性と構造図

　本教材は，1年生での最後の説明文教材である。「ライオン」と「しまうま」の違いをとらえることが学習のねらいである。しかし，今までの説明文と異なり，違いを説明するための理由が書かれていることが特徴である。「生まれたばかりの赤ちゃんの様子」の問いに対して，「①大きさ　②生まれたばかりの特徴　③大人との比較」を，「大きくなっていく様子」の問いに対しては，「①歩く様子　②おちちで大きくなる期間　③えさのとりかた」を比べることで違いを説明している。どちらの事例も，大人の姿と赤ちゃんの様子のイメージのズレが意外性となって興味深く読めるしかけにもなっている。そこで，「二匹の赤ちゃんの何を比べているの？」という課題から，「違い」とその「理由」に注目した読みから，「自分の好きなどうぶつも調べたい」と発展していく授業展開を期待したい。

| 問い① | 問い② | どうぶつ | 生まれたばかりのようす | | | 大きくなっていくようす | | |
| --- | --- | --- | --- | --- | --- | --- | --- | --- |
| | | | ①大きさ | ②目や耳 | ③大人とくらべる | ①歩く | ②おちち | ③えさ |
| 生まれたばかりのときは、どんなようすをしているのでしょう。 | そして　どのようにして、大きくなっていくのでしょう。 | ライオン | 子ねこ | とじたまま　いない | よわよわしい　おかあさんににていない　理由　どうぶつの王さま | じぶんで歩けない　口にくわえてもらう | 二か月ぐらいのむ | おかあさんがくれるえもの　一年ぐらいでおぼえる |
| | | しまうま | もうやぎぐらい | 目―あいている　耳―立っている | しまもようも　おかあさんそっくり | 三十ぷんもしないうちにじぶんで立つ　つぎの日にはしる　理由　だからつよいどうぶつからにげられる | 七日ぐらい | じぶんで草もたべる |

## ② 指導の流れ

### ●思考のズレを生むポイント

　私たち人間の赤ちゃんは，みんな同じようにおちちを飲み，弱々しく自分では歩くこともできない。しかし動物は，その種類によって大きく異なる。また，大人の姿やイメージとも大きく異なる。そこで，「二匹の赤ちゃんの何を比べているの？」という課題を解決しながら，「赤ちゃんの生まれたばかりの様子」と「大きくなっていく様子」を読み比べ，この違いの理由について考えさせていきたい。

### ●課題

　二匹の赤ちゃんの何を比べているのだろう？

### ●思考のズレ

・違って見えるけど，赤ちゃんは，みんな同じ／・大人と子ども／・お母さん

・大きさ／・見た目／・目と耳／・食べ物／・歩き方／・えさの取り方

### ●問い

・ライオンとしまうまってどんな動物ですか？

・それぞれの赤ちゃんの様子でわかったことはいくつありましたか？

・それぞれの赤ちゃんの大きくなっていく様子でわかったことはいくつありましたか？

### ●解決1

　まず，「大人と赤ちゃん」のイメージの違いを強調することをねらい，子どもの知っている「ライオン」と「しまうま」のイメージを共有する。次に，本文を読み，「二匹の赤ちゃんの何を比べているの？」という問いから，「赤ちゃん」の違いに注目した読みを進めていくことを確認する。

### ●解決2

　問いの文をおさえ，それぞれの赤ちゃんの違いを読んでいく。読み取るときは，ワークシートに書きこませることが学習の中心にならないようにする。そこで，「赤ちゃんの様子でわかったことはいくつある？」「大きくなっていく様子でわかったことはいくつある？」という問いの解決を通して読み比べていく。左ページの構造図のように「表で読む」ことを意識した授業を目指したい。

### ●解決3

　すると，「ライオン」の説明には，解決1の子どものイメージ通りの「どうぶつの王さま」という記述があり，「しまうま」には，「だから，つよいどうぶつにおそわれても……にげることができる」という記述があることに気づく。この強い動物こそ「動物の王様ライオン」だとつながることから，赤ちゃんの違いの理由ととらえることができる。

「たんぽぽの　ちえ」（光村図書）

# 題名を問いの文にして読む

**授業のポイント**
　題名から「問い」をつくりそれを解決する手立てとしての「主語連鎖」の活用が学びに
つながる。

## 1 この教材の特性と構造図

　この教材は，話題が明確な題名で，たんぽぽがどのような知恵を働かせて新しい仲間を増や
すのかということが時系列で書かれている。段落構成は，「はじめ・中・終わり」の３部構成
の尾括型で，題名のちえの具体が「中」の部分で述べられ，「終わり」で「ちえ」という言葉
を使い抽象化してまとめられている。「中」の部分は，たんぽぽの「すること」（様子）と「そ
の理由」という因果関係の順序で「ちえ」が説明されている。しかし，「すること」と「その
理由」のどちらが知恵になるのかが区別しづらく，「どんなちえ」が「いくつ」説明されてい
るのかが明確でない。そこで，題名から問いをつくり，「ちえ」の意味を明確にして，主語連
鎖や理由を述べる文末表現などに着目してまとまりをとらえることで問題解決を目指していけ
る教材である。

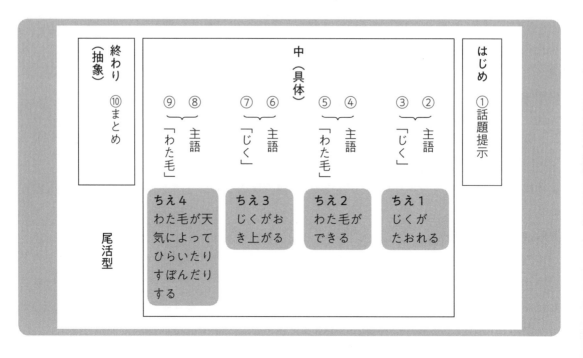

## ② 指導の流れ

### ●思考のズレを生むポイント

・「たんぽぽの　ちえ」には全体を貫く問いの文がないため，読みの方向が示されている題名を使って，問いの文をつくる。子どもたちから出てくる問いは，知恵の内容を問うものがほとんどで，数を問う問いはなかなか出てこない。そこで，「『たんぽぽのちえ』っていくつあるの？」と提示し，内容と数を問う問いにしていく。

・「たんぽぽがすること（様子）」と「その理由」のどちらが知恵か区別することができにくいので，どんなことが「ちえ」に当たるのか，どうしてその「ちえ」が必要なのかを明確にしながら知恵の内容を深めていく。

### ●課題

題名を問いの文にして読もう。まとまりはいくつ？

### ●思考のズレ

・たんぽぽはどんなちえをはたらかせているの？

・「ちえ」はすること，わけのどちらをいえばいいの？

・ちえはいくつあるの？　三つ？　四つ？　五つ？

### ●問い

「たんぽぽのちえ」ってどんなちえがいくつあるの？

### ●解決1

・形式段落の主語を見つけ，主語連鎖から意味段落を読み，たんぽぽのちえがいくつ書かれているか考える。→形式段落の主語は？　まとまりはいくつ？

　主語を仲間分けすると，②③が「じく1」④⑤が「わた毛1」⑥⑦が「じく2」⑧⑨が「わた毛2」という意味のまとまりができ，たんぽぽのちえの数としては四つになる。（⑧⑨は主語が同じ「わた毛」であることから一緒にする）

### ●解決2

・時間の順序や理由を表す文末表現に着目し，様子と理由を区別しながら読み，知恵をまとめる。→どんなちえ？　「ちえ」はどっち？　すること？　理由？

　「中」のまとまりがとらえられたら，それぞれ二つの段落の関係を考える。「たんぽぽのちえ」とは「目的のためにすること」「仲間を増やすためのはたらき」と考え，知恵として様子を取り上げる。「理由」はなぜそういうことをするのかという説明だと考え，読み分けられるようにする。文末表現に着目し，様子と理由を関連付け，何を比較しているかを読むことで，知恵をまとめ解決していく。

・題名がもっている抽象的な言葉の意味と筆者の主張をまとめる。→「ちえ」ってなあに？

年

「サツマイモのそだて方」（東京書籍）

# 文しょうのちがいを考えよう

**― 授業のポイント ―**
　二つの文章を比較することで，それぞれの説明の目的を明確にし説明内容の特徴をとらえさせる。

## 1 この教材の特性と構造図

・同じようにサツマイモについて書かれた二つの説明文からなる。「文しょうのちがいを考えよう」という二つの文章を比べて読む課題を明示している教材である。

### ●一つ目の文章……初めて育てる人が全体像をとらえられる

・サツマイモが育つ様子とともに育て方を説明している。

・段落の初めは，時期を表す言葉から始まっている。「いつ・どんなことをするのか」ということがわかりやすい。

### ●二つ目の文章……経験のある人へのアドバイスとなる

・「りっぱないもをたくさんしゅうかくするために」というねらいの文章であることを初めに書いている。

・番号のついた三つの見出しがある。育てるときに気をつけることをわかりやすく三つのポイ

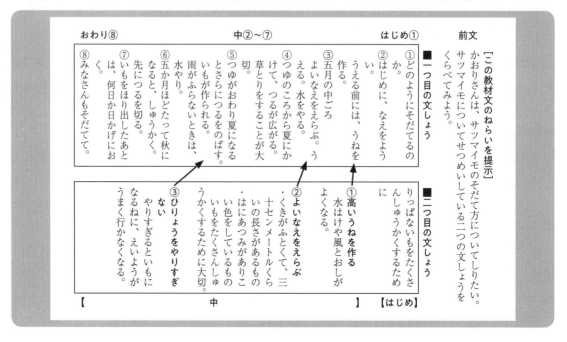

おわり⑧　　　中②〜⑦　　　はじめ①　　　前文

［この教材文のねらいを提示］
かおりさんは、サツマイモのそだて方についてしりたい。サツマイモについてせつめいしている二つの文しょうをくらべてみよう。

■一つ目の文しょう
①どのようにそだてるのか。
②はじめに、なえをようい。
③五月の中ごろうえる前には、うねを作る。
④つゆのころから夏にかけて、つるが広がる。草とりをすることが大切。
⑤つゆがおわり夏になるとさらにつるをのばす。いもが作られる。雨がふらないときは、水やり。
⑥五か月ほどたって秋になると、しゅうかく。先につるを切る。
⑦いもをほり出したあとは、何日か日かげにおく。
⑧みなさんもそだてて。

■二つ目の文しょう
りっぱないもをたくさんしゅうかくするために
①高いうねを作る水はけや風とおしがよくなる。
②よいなえをえらぶ・くきがふとくて、三十センチメートルくらいの長さがあるもの・はにあつみがありこい色をしているものいもをたくさんしゅうかくするために大切。
③ひりょうをやりすぎないやりすぎるといもになるねに、えいようがうまく行かなくなる。

【　　　　　中　　　　　】　【はじめ】

ントにしぼっている。そして，各項目について，方法や理由を詳しく説明している。

## ② 指導の流れ

### ●思考のズレを生むポイント

「サツマイモを育てる」という二つの説明文である。違いを考えるというねらいがはっきりしているので，比べて読むことにすぐに向かえる。どちらの文章を選ぶか選択させることで，この二つの文章の書きぶりの違いやそれぞれのよさに目を向けさせることができる。

### ●課題

かおりさんは，どちらの文章を読むとよいでしょうか。

### ●思考のズレ

・一つ目の文しょうがよいと思う。「いつ」が書いてあってわかりやすいから。

・二つ目の文しょうがよいと思う。気をつけることが三つ。はっきりして，わかりやすいから。

### ●問い

・二つの文章は，それぞれどんなよさがありますか。

・よさをどのように取り入れると，よりわかりやすい説明になりますか。

### ●解決1　それぞれどんなよさがありますか。どんなときに役立つでしょう。二つの文章を比べて考えましょう

かおりさんのサツマイモ栽培の経験を加えて考える。

「かおりさんは，初めてサツマイモを育てます。どちらの文章を読むとよいですか」

そうすると，一つ目の文章の方が役立つ。

「二つ目の文章は，どんな人に薦めますか」

二つ目の文章は，栽培の経験があり，前回より収穫したいと考える人に役立つ。読者が求めている情報・読者がもっている知識によって，どちらが適切な文章といえるかが決まる。情報と読者の関係性に気づくことができる。

### ●解決2　二つの説明文のそれぞれのよさを取り入れてみましょう

①二つ目の文章は，見出しで，ポイントがわかりやすくなっている。一つ目の文章も見出しをつけて，ない場合と比べてみる。

②二つ目の文章は，「いつ」のアドバイスなのか，わかりにくいが，サツマイモ栽培の経験者にとっては，不要な情報になるといえる。だが，時期について考えてみると，①②は，「植える前に」③は，「苗が育ってきた後に」となる。一つ目の文章に取り入れれば，初心者にとって，一つ目の文章が，さらに詳しい説明文となる。

どちらの文章でも「なえは，よいものをえらぶ」ということを大切にしている。「同じ」も重要な情報である。

「ビーバーの　大工事」（東京書籍）

# どうぶつのひみつをさぐろう

> **授業のポイント**
> 題名の「大工事」の意味を文章構造図やビーバーの行動を写真や図を活用して，その意味をとらえ，再構成する読みを目指す。

## 1 この教材の特性と構造図

「ビーバーの　大工事」という題名は，動物ビーバーに「工事」という言葉を使うことで「不思議」を呼び起こし，どのような内容なのかと読み手の興味を引きだしている。

筆者は，ビーバーが，巣を守るためのダムを作る作業について，オノマトペを取り入れて豊かに場面描写し，子どもたちに親しみやすい尾括型の表現をとっている。このため，ダムができあがるまでのビーバーの作業の手順を伝えているが，説明文特有の「問い」の文はなく，順序を表す言葉や接続語は少ない。そこで，ビーバーの工事について，「どのような工事をどうしてするのか」内容を再構成して表現する学習が考えられる。

写真と図を多く用いて，本文の説明を補っている。写真により伝えるよさと言葉により伝えるよさに気づかせることができる。

| 終わり | 中② 巣作りの工事 | 中① ビーバーのダム作りの工事 | | | | 初め | 構成 | |
|---|---|---|---|---|---|---|---|---|
| 20 | 19・18・17・16 | 15・14・13・12・11 | 10 | 9・8 | 7・6・5・4・3・2 | 1 | 扉 | 段落 |
| ダムを作る理由。 | みずうみのまん中にすを作る。ダムと同じように木と石どろをつみ上げる。 | つみ上げられた木と石とどろは、少しずつ川の水をせき止めるダムができあがる。写真⑧ | 木を川のそこにさしこむ。石でおもしをし、どろでかためる。写真⑦ | 木をくわえてもぐる。写真⑥ | 木のみきをかじる。写真①　ポプラややなぎの木をたおす。写真②　切りたおした木をみじかくかみ切り、川の方へ引きずる。写真③　木をくわえておよぐ。写真④ | | 湖の写真 | 工事の内容・ビーバーの行動 |
| あんぜんです。 | 水の上にうかんだすの入り口は水の中にある。図① | 大きなものは五分から十五分も水の中にもぐる。高さ二メートル、長さ四百五十メートル | | 水かきがある後ろあし。おでかじをとる。写真⑤　上あごをささえ、下あごのするどい歯でかじる。写真⑥ | 五十センチメートルいじょうもある木。 | ここ（写真の場所） | | つけ足した説明 |
| 理由・解決 | 図と写真の比較　類推（巣）疑問 | 疑問（大きさ） | 工事の順序 | 類比　叙述と写真の関係 | 読み分け　疑問（体）　予想 | 関係付け | 予想 | 考える力 |

## ② 指導の流れ

### ●思考のズレを生むポイント

「ビーバーの　大工事」という題名の「工事」に「大」をつけたことには理由がある。巣を作る工事の前に巣を守るための大きなダムを作るからだ。また扉の大きな写真と「みずうみのまん中にあるのは何でしょう」という投げかけにより，主体的な読みをつくろうとしている。

### ●課題

どうして，「ビーバーの工事」ではなく，「大工事」という題名にしたのでしょう。

### ●思考のズレ

・大きなダムを作るから大工事になったと思います。／・作るのは，ダムの中に巣を作るからだと思います。／・ビーバーが，大変と言いたかったのだと思います。

### ●問い

・「ビーバーの大工事」は，どのような工事なのだろう。

・どうして，「大工事」をするのだろう。

### ●解決1

○文章全体を「はじめ・中・おわり」に分けましょう

はじめ……北アメリカの森の中／中……ダムを作る工事・すを作る工事／おわり……あんぜんなす・ダムを作る理由

「中」の部分に二つの工事の説明があることを確認する。

○ビーバーは，どんな工事をするのか，ビーバーがすることを読みましょう

・どんなことをするか。　・何をどうして作るのか。

数多い写真にはタイトルがない。本文と比べて，どの叙述を補うものかつながりをとらえる。

### ●解決2

○どうして「大工事」と工事に「大」をつけたのでしょう。どうして，ダムの中に巣を作るのでしょう。理由をまとめてみましょう

ビーバーは，まず，川をせき止めてダムを作り，次にそのダムに守られた安全な巣を作る。この工事を家族総出で，夕方から夜中までかけてする。ビーバーの体の大きさと切り倒す木ややダムの大きさを比べて考え，「大」をつけた理由を自分の言葉で表す。

### ●解決3

ビーバーのダム作りについて読んだことを再構成して表現する活動を設定する。また，読みの中で生まれた自分の疑問を解決するための本を調べる活動も設定できる。

○ダムの中の巣ができるまでの順序を説明しましょう

①写真を四枚選ぶ。②順序を表す言葉を用いて説明する。

**2年**

# 説明の順序や工夫に着目して読む

## 授業のポイント

全体の構成から説明書に何をどのように書けばいいかをとらえ，これを説明書を書く活動に生かしていく。

## 1 この教材の特性と構造図

　本教材は，馬のおもちゃの作り方を四つのまとまりに分けて説明した文章である。説明の順序を意識して書かれており，文章のまとまりは，〈前書き〉〈ざいりょうとどうぐ〉〈作り方〉〈楽しみ方〉の順になっている。〈作り方〉の手順は五つの段落に分けられており，「まず」「つぎに」「それから」といった接続語を使いながら，最初に作った部品を使って，体，足，顔（装飾）の順に作製していく記述となっている。数値や，写真，図が効果的に使われているのも本教材の特色であり，説明をさらにわかりやすくしている。材料を切り出す作業をする①③④段落には，長さを具体的に数値で表した記述がされており，接合する作業をする②段落は，そのやり方の写真が二枚載せられている。③段落には，「しゃしんのように……」という記述もあり，全部で九枚ある写真が説明を補う役割をしている。

| 構成 | 写真・図 |
| --- | --- |
| ・前書き<br>・話題提示 | ・完成物 |
| 〈ざいりょうとどうぐ〉<br>・中心となる材料→道具の順で箇条書き | ・すべての材料と道具<br>【図】箱の大きさ |
| 〈作り方〉<br>①まず、馬の体やあしになるぶひんを… | ・切り分けたもの |
| ②つぎに、馬の体を…（お腹→首→背中） | ・お腹と首の接合<br>・背中の接合 |
| ③それから、馬のあしを作ります。 | ・お腹への接合<br>・足の長さ |
| ④さいごに、顔を作ります。 | ・目と鼻をつけた状態 |
| ⑤これで、馬のおもちゃのできあがり | |
| 〈楽しみ方〉<br>・動かし方の説明、他の動物作りを提案。 | ・動かし方（矢印入り） |

## 2 指導の流れ

### ●思考のズレを生むポイント

　本教材を読む活動は，「おもちゃの作り方をせつめいしよう」（書くこと）として，自分で説明文を書く活動につながる。単元の目標を意識させながら，本教材を通して，説明する事柄の順序や，手順に関わる順序，説明の仕方の工夫に気づかせたい。そこで，まず文章を読むことに対しての目的意識をもたせるために，家の人に馬のおもちゃの作り方を教えるという課題を設定し，必要な情報を考えさせる。その後，文章を読み，どのような説明の仕方がされているのかを詳しく読み取っていく。

### ●課題

　馬のおもちゃの作り方を家の人に教えてあげたいと思います。どんなことを教えてあげますか？

### ●思考のズレ

・どういうおもちゃなのか説明しないといけないな。

・材料は何かを教えたいな。

・遊び方も教えてあげないとわからないよ。

### ●問い

　どんなことを，どのように説明すればいいかな？

### ●解決1

　まず，文章がいくつのまとまりで書かれているか，その順序や，大まかな内容についてとらえる。その際，「準備→作製→使用」の時系列に沿った順になっていることをおさえる。

| 前書き | 何を作るか。出来上がりの写真。 |
| --- | --- |
| 材料と道具 | 何を使うか。大きさが分かる図。 |
| 作り方 | おもちゃの作り方が順番に書かれている。 |
| 楽しみ方 | どのように遊ぶか書かれている。 |

### ●解決2

　次に，説明の工夫を読み取っていく。〈作り方〉の各段落の始めに順序を表す言葉があること，部品作りから，順番に体，足，顔を作るような説明になっていること，長さなどが数字で表されていること，写真や図があることで，さらに説明がわかりやすくなっていること，文末に「……ですね。」と読者に呼び掛ける表現があることなどを読み取り，まとめていく。それらの工夫が説明のわかりやすさにつながり，実際に文章を読めば誰でも馬のおもちゃが作れることをおさえ，次時の説明文を書く活動の意欲につなげたい。

「あなの　やくわり」（東京書籍）

# あなのやくわりを考えよう

**― 授業のポイント ―**
「問い」の段落とその内容から，「問題」と「その解決」を関連付けて「あなのやくわり」を考える読みを目指す。

## 1 この教材の特性と構造図

・「あなのやくわり」についての問いが，第1段落に示されている。あなは，何のためにあるのか，そのあなは，どんな役割をしているのか，読んでまとめることを子どもの読みの課題とすることができる。

・本文の説明を図や写真でも示しているので，関連付けて内容の理解を図ることができる。プラグは，すぐに抜けると危険な時もあることなど，役割について考え，理解を深めながら読むようにする。

・あなの例が四つ挙げられている。一つ目の五十円玉は，問題点を挙げ，その解決としてあなの役割が書かれている。残りの例では，あながない場合を仮定して問題点を提示しているので，その解決策としてのあなの役割を考えることができる。役割をまとめるときに，五十円玉の例のように問題点を解決する書き方が活用できる。

| おわり | 中 | | | | はじめ | 構成 |
|---|---|---|---|---|---|---|
| 6 | 5 | 4 | 3 | 2 | 1 | 段落 |
| このほかにもたくさんある | しょうゆさしの二つのあな | うえ木ばちのそこのあな | コンセントにさしこむプラグの先のあな | 五十円玉のまん中のあな | みの回りにあるあな | あなの例 |
| | 一つは、しょうゆを出すため。もう一つは、空気が入るため。 | これは、いらない水を外に出すため。 | これは、出っぱりを引っかけるため。 | これは、さわったときに百円玉とくべつするための。 | あなは、何のためにあいているのか。 | 何のため |
| このように、あなには、いろいろなやくわりがある。……どんなやくわりがあるか考えてみよう。 | しょうゆが、……空気の通り道がひつよう。あなが一つしかないと、……出なくなってしまう。 | たくさん水をやったときに、……てしまう。水が長い間たまっていると、ねがくさることがある。 | コンセントの中には……に引っかかるようになっている。このことにより、プラグがぬけにくくなる。 | むかし……、まちがそこで、……くべつできるようにした。 | あなのやくわりを考えてみましょう。 | あなのやくわり |
| まとめ／類推へ | 問題／仮定／原理の理解 | 問題／仮定1 | 結／論の帰結 | 原理の理解／問題／解決 | 問い | 思考 |

## ②　指導の流れ

### ●思考のズレを生むポイント

「あなは，何のためにあいているのでしょうか。」という問いの文がある。これをもとに「あなのやくわりを考えてみましょう。」と読者に投げかけている。何のためにあいているのかを読むことが役割を読むことであるという間違いを引き起こしやすい。役割は読み手が文章の内容を基にさらに考えるような表現になっている。

### ●課題

「あなのやくわり」とは，どんなことでしょう。（ない方がいいのではないでしょうか）

### ●思考のズレ

・あなには，役割があるという意味です。

・ないと困ります。あなは必要ということだと思います。

### ●問い

あなは，どんなやくわりをしているのだろう。

### ●解決１　どんなあなが，説明されていますか

文章全体を「はじめ・中・おわり」に分けると，中の部分に段落ごとに四つの例が挙げられていることがわかる。（②五十円玉　③プラグ　④うえ木ばち　⑤しょうゆさし）

### ●解決２　あなの例と何のためにあるのかを表にまとめましょう

本文の説明と写真・図を対応させて内容を確かめる。

### ●解決３　それぞれのあなの役割を考えてまとめましょう

②五十円玉のまん中……百円玉と区別するためのあな

　（問題）百円玉と同じくらいの大きさでまちがえる。

　（解決するあなの役割）さわったときにくべつできる。

③プラグの先……でっぱりを引っかけるためのあな

　（役割）プラグがぬけにくくなる。→（問題・必要性も考えて役割をまとめる）

　例　プラグが抜けると危険なこともある。そこで，あなが，でっぱりを引っかけて抜けにくくする役割をする。

④うえ木ばちのそこ……水を外に出すためのあな。（あながないと）水がたまる。

　（長い間たまっていると）ねがくさることがある。

　例　水がたまると根がくさることがあるため，あなが水を外に出し水をためない役割をする。

⑤しょうゆさし……二つのあな

　（あなが一つしかないと）空気が入ってこないので，しょうゆが出ない→そこで，二つ目で空気の通り道を作る。これにより，一つ目のあながしょうゆを出す役割をする。

# 段落のまとまりに着目し，三部構成を読む

**― 授業のポイント ―**

三部構成をとらえるために，「問い」の段落を手がかりとして「問いと答え」のまとまりがいくつできるかを視点とした問いの解決を図っていく。

## ① この教材の特性と構造図

本教材は３年生最初の説明文の学習である為，説明文を読むにあたり，まず用語を確認したい。具体的には，言葉・文・段落の確認である。文字が集まって「言葉」となり，言葉が集まって「文」となり，文が集まって「段落」となることをおさえる。その上で，書き出しが一字下げで示される段落を「形式段落」，いくつかの形式段落を意味でまとめたものを「意味段落」ということを確認する。意味段落を見つけることで序論（はじめ）・本論（なか）・結論（おわり）という基本の三部構成がとらえられる。

本教材は本論に二つの問いがある双活型の文章である。⑫段落に「このように」があることで，③段落と⑧段落にある二つの問いの答えがとらえにくい。そこで問いに対する答えが述べられている段落を見つけることで段落ごとのまとまり（三部構成）をとらえさせていきたい。

| 構成 | 結論 | 本論 | | | | | | | | | 序論 | |
|---|---|---|---|---|---|---|---|---|---|---|---|---|
| | | 本論2 | | | | 本論1 | | | | | | |
| 段落 | ⑫ | ⑪ | ⑩ | ⑨ | ⑧ | ⑦ | ⑥ | ⑤ | ④ | ③ | ② | ① |
| 内容 | まとめ | 答え | | | 問い2 | その他 | 答え | | | 問い1 | 定義主張 | 話題提示 |
| | | | | | | | 具体例3 | 具体例2 | 具体例1 | | | |
| 要点 | どんな場合でもではないが、こん虫がてきにかこまれながら生きつづけるのに役立つほご色。 | ちょっとした動作を見のがさないてき目 | じっとしているかぎり身をかくすのに役立つほご色 | てきの目をだまして身をかくすのに役立つほご色 | こん虫はどんなときでもてきから身を守れるのか？ | ほご色によって身をかくすたくさんのこん虫 | まわりの色がへんかするにつれて、体の色がかわっていくゴマダラチョウのよう虫 | 自分の体の色がほご色になるような場所をえらんですんでいるトノサマバッタ | かれ葉のような色・木の葉そっくりの形のコノハチョウの羽 | こん虫はほご色でどのように身をかくすのか？ | てきから身をかくすのに役立つほご色。 | ふと見うしなうこん虫 |

## ⌖ 2 指導の流れ

### ●思考のズレを生むポイント

　文章を読み取るためには，段落のまとまりを考えて文章全体をまるごととらえる必要がある。本教材は問いと答えのまとまりをとらえることが構成を読み取るポイントであり，その読み取りにおいて思考のズレが生じると考えられる。

### ●課題

　「自然のかくし絵」を三つに分けてみよう。

### ●思考のズレ

・①②段落，③〜⑦段落，⑧〜⑫段落と分ける。

・①②段落，③〜⑪段落，⑫段落と分ける。

### ●問い

　この文章には，どんなまとまりが，いくつある？

### ●解決1　要点をまとめる

　文章のまとまりを見つける為には，まず各段落に何が書かれているのかを読み取る必要がある。各段落の内容理解は要点をまとめることで明確になる。要点とは形式段落の中で筆者が述べようとしている主要な内容である。くり返し出てくる言葉や重要な文や言葉に気をつけて，各段落を短い文にまとめる。その際，主語を文末にもってくる体言止めにするとまとめやすくなる。

### ●解決2　「問いと答え」の関係から細部を読む

　要点を基にして，段落のまとまりを見つけていく。本教材は本論が二つの問いにより構成されている。そのため，③段落の問いに対する答え，⑧段落の問いに対する答えを確認していくことで段落のまとまりに気づくことができる。③段落の答えが④⑤⑥⑦，⑧段落の答えが⑨⑩⑪段落と見抜ければ，⑫段落はそれぞれの問いのまとめの働きをしているととらえることができる。

### ●答え

　以上の活動で，本教材の〈はじめ〉①②段落，〈なか〉③④⑤⑥⑦⑧⑨⑩⑪段落，〈おわり〉⑫段落という構成が理解できる。その上で，最後の一文「ほご色は，自然のかくし絵だということができるでしょう。」に触れるとよい。この一文がなくても文章理解はできる。ではなぜ筆者はこの一文をあえて付け足しているのかを考えさせたい。この一文は題名とも繋がり，筆者の主張に迫ることができる。本教材の対象は3年生なので要旨までは教えなくてよいが，題名とのつながりを考えさせ，題名のもつ役割を知ることは，これからの説明文学習に生かしていける。

「『ほけんだより』を読みくらべよう」（東京書籍）

# 二つの文章を比べて評価して読む

┌ 授業のポイント ─────────────────────
　文章を「読み比べよう」という目標が明確なので「読み比べる」ための観点を「問い」として読みを目指す。
└───────────────────────────────

## 1 この教材の特性と構造図

　「『ほけんだより』を読みくらべよう」は，朝ご飯をしっかり食べてほしいと思っている保健室の先生が二つの文章を書いたという状況設定が本文でなされ，二つの文章を三つの観点に基づいて読み比べようと投げかけられている。二つの文章（ほけんだより）は，結論が全く同じで，事例の取り上げ方や説明の仕方が異なる。

　筆者の主張をとらえ，二つの文章を比べ，共通点や相違点をとらえるといった読み比べ方を指導し，事例の取り上げ方や説明の仕方によって伝わり方が変わることに気づかせるのに適している教材である。読み手として「どちらのほけんだよりの方がより子どもたちに伝わるか」を問うことで，目的意識や相手意識をとらえた上で文章を評価することにつなげていきたい。

| 本文 | 文章 | | 題名 | ①段落 | ②段落 | ③段落 | アドバイス | ④段落 |
|---|---|---|---|---|---|---|---|---|
| ①話題提示②保健だよりのねらい③二つの文章を書いた④書き手のくふう⑤課題提示　⑤文章を読むとき考えること | 1 | 2 | 朝ごはんをしっかり食べよう | 文章1：元気に生活するために大切。<br>文章2：食べないと、だるさを感じたりすることがある。 | 文章1：朝ごはんはエネルギーになる。食べないとだるくなってしまう。（図）<br>文章2：食べなかった人の方が多い。食べた人より食べなかった人の方が多い。保健室に来た人と朝ごはんの関係（表1） | 文章1：朝ごはんを食べると体温が上がり、体を動かすじゅんびができる。（図）<br>文章2：食べなかった主な理由（表2）多くは、「時間がなかった」 | 文章1：ごはんやパンだけでなく、他の食べ物もいっしょに<br>文章2：しっかり食べるためには、早く寝ることも大切 | 朝ごはんをしっかり食べて、元気に生活しましょう。（主張） |

## ② 指導の流れ

### ●思考のズレを生むポイント

　教材の特性として，自分の伝えたいことが読み手に伝わるように，どんな事柄を取り上げ，どのように説明したらよいか考え，保健室の先生が二つの文章を書き，どちらを載せるのがよいか考えている設定がある。そこで，どちらの文章が子どもたちに伝わりやすいか，子どもたちが評価するところから授業を始める。

### ●課題

　どちらの文章が子どもたちに伝わりやすいか。

### ●思考のズレ

・どちらもよさそう。同じことが書いてあるところがある。

・一つ目の文の方がいいな。

・二つ目の文がいい。

・どちらがいいか決められない。

・何が違うのだろう。

### ●問い

・共通点と相違点は何か。／・それぞれの特徴は何か。／・誰に，何を伝えたいのか。

### ●解決1

　まず，二つの文章を読み比べ，共通点と相違点を明らかにしていく必要がある。それらを整理する中で，どんな事例を取り上げているか。説明の仕方をどう工夫しているか，それぞれの特徴をとらえていく。

### ◎共通点【伝えたいこと】

・朝ごはんをしっかり食べてほしい

### ■相違点①【事例】一般的な表現と身近で具体的な表現

1 なぜ大切か―食べないとどうなるか―食べるとどうか―どんなものを食べるとよいか

2 食べないとどうなるか―保健室に来た人と朝ごはんの関係―食べない理由―食べるためには

### ■相違点②【説明の仕方の工夫】図と表

・一つ目の文章は図を，二つ目の文章は表を用いている。

### ●解決2

　その後，「二つの文章は，誰に何を伝えたいのか」を問う。保健室の先生が何を伝えたいのか（目的意識）と，誰に伝えたいのか，子どもたちとは誰のことか（相手意識）を読んだ上で，再度どちらが子どもたちに伝わるか考える。それによって，子どもたちの身近で具体的な例が入っている方がよいことに気づき，理由の中に読み取ったことを入れて書けるようにする。

「パラリンピックが目指すもの」（東京書籍）

# 筆者の主張につながる事例の効果

┌─ 授業のポイント ─

「水泳」と「ボッチャ」の事例からその内容を読み，「パラリンピックが目指すもの」を読むことを目指す。

## 1 この教材の特性と構造図

本教材は，題名「パラリンピックが目指すもの」と筆者の主張がつながっている。筆者の主張が最後の⑪段落に書かれている尾括型の文章である。三部構成は，序論が①〜③，本論が⑤〜⑧，結論が⑨〜⑪である。

⑨段落にはパラリンピックにとって大切なものが四つ挙げられ，その説明が⑩段落にある。「勇気」と「強い意志」は選手自身の精神力や気持ちのことである。「インスピレーション」と「公平」は「共感させる」「気づかせる」と使役が用いられることから見ている人たちに与える力である。この⑨⑩段落を受け，⑪段落では，様々な障がいのある選手が（勇気・強い意志をもって）挑むパラリンピックは（それを見る人がインスピレーションを感じ）人のもつ多様さを認め，（工夫すれば可能な公平さに気づき）誰もが平等に活躍できる社会の実現が目指すものという主張に繋がる。

| 結論 | 本論（ボッチャ） | 本論（水泳） | 本論（種目） | 序論 |
|---|---|---|---|---|
| ⑪パラリンピックが目指すもの<br>⑨⑩パラリンピックに大切なもの | ⑦重度しょうがい者も参加できるよう考えられたスポーツ【試合写真】 | ⑤オリンピックと同じ「自由形」「平泳ぎ」など七つの種目【写真×】 | 競技説明 | ①話題提示<br>②オリンピックについて<br>③パラリンピックについて<br>④パラリンピックの競技の種目 |
| | 自分の持つボールを投げたり転がしたりして目ひょう球に近づけ、得点をきそい合う【ルール写真】「ランプ」 | × | ルール説明 | |
| | ⑧ボールをうまく持てなかったり、運べなかったりする場合【写真×】 | ⑥しょうがいのある場合 タッピングバー【写真】　足にしょうがいがある場合 水中からのスタート【写真】 | ルールの一部をかえる工夫 | |

## ② 指導の流れ

### ●思考のズレを生むポイント

　筆者は，パラリンピックは選手だけでなく，それを見る人たちの意識改善が生む「だれもが平等に活やくできる社会」の実現を目指すものであると主張している。競技事例は主張を導くためのものであることに気づかせたい。

### ●課題

　題名「パラリンピックが目指すもの」とは，どんなことでしょう。

### ●思考のズレ

・様々な障がいをもっていても厳しいトレーニングを積んで挑むことを知ってもらうこと。
・人の持つ多様さを認め，誰もが平等に活躍できる社会。

### ●問い

　どうして筆者は「ボッチャ」と「水泳」を事例に挙げたのでしょうか。

### ●解決1

　④段落の「ルールの一部をくふうしてかえることで，しょうがいのある人がさんかできるようにしているもの」の例として「水泳」，「パラリンピックにしかないきょうぎ」の例として「ボッチャ」が本論に挙げられている。その中で様々な障がいへの工夫として「タッピングバー」「水中からのスタート」「ランプ」が挙げられている。子どもはモノに注目しやすいが，そこにはコーチやアシスタントの存在がある。⑧段落の最後に「ただし，選手にアドバイスをしたり合図を送ったりすることはできません」とあり，あくまでも公平のためのサポートだとわかる。

### ●解決2

　⑨段落のパラリンピックにとって大切なもの四つを⑩段落の説明により具体的に理解する。その際，主語を考えさせたい。「共感させる力」とは誰が誰に共感させる力なのか，「気づかせる」とは誰が誰に気づかせる力なのかに着目する。そうすることで⑪段落の「社会の実現」は誰が可能にするのかが見えてくる。


　読解とは別に，本教材は他競技の調べ学習に繋げやすい。本教材の具体例を基に，多くの人が知っている情報は省略し，知られていない情報は詳しく説明するなど，読み手を意識した書き方に気づかせたい。同時に写真の効果についても考えさせたい。パラリンピックは様々な障がいに応じて種目やルールも多様である。調べる競技（種目）を絞るなどの子どもの実態に応じた支援が必要である。

年　「すがたをかえる大豆」（光村図書）

# 事例の順序と文章構成，述べ方の工夫に着目して読む

┌─ 授業のポイント ─

全体を貫く「問い」の位置と「主語連鎖」による段落のまとまりを考えることで三部構成を読むことを目指す。

## 1 この教材の特性と構造図

　この教材には，「問い」が書かれていない。「隠れた問い」がどこに入るか，どのような問いが入るかを考えることで文章構成がとらえやすくなる。また，段落の主語に着目することで，主語連鎖から話題提示とまとめが「はじめ」，事例と説明が「中」，まとめと筆者の考えが「終わり」に述べられた三部構成になっていることをとらえることができる。「中」の事例の述べ方は共通していて，最初に一番重要な文が書かれているため，要点をまとめやすい。更に，「中」の事例の順序は，見た目でわかりやすいものからわかりにくいものへ，作り方の手の込んでいないものから手の込んだものへとなっており，簡単な例は略述され，難しい例は詳述されている。事例の順序や書き方に着目することで，わかりやすく説明するための筆者の述べ方の工夫についても考えたい。

| おわり | 中 | | | | | | はじめ | |
|---|---|---|---|---|---|---|---|---|
| ⑧ | ⑦ | ⑥ | ⑤ | ④ | ③ | | ② | ① |
| いろいろなすがたで食べられている大豆 大豆のよいところに気づき、食事に取り入れてきた昔の人々のちえにおどろかされる | 取り入れる時期や育て方のくふう | 目に見えない小さな生物の力をかりて、ちがう食品にするくふう | 大豆にふくまれる大切なえいようだけを取り出して、ちがう食品にするくふう | こなにひいて食べるくふう | 大豆をその形のままいったり、にたりして、やわらかくおいしくするくふう | | 昔からいろいろ手をくわえて、おいしく食べるくふうをしてきた大豆 | いろいろな食品にすがたをかえているこ とが多いので気づかれない大豆 |
| | えだ豆 もやし | なっとう みそ しょうゆ | とうふ | きなこ | に豆 いり豆 | | | |

（難 ←――――――――― 易）

64

## ❷ 指導の流れ

### ●思考のズレを生むポイント

　教材の特性として，「問い」が書かれていないことが挙げられる。そのため，「文章全体を三つに分けてみよう」という活動をすることで，どこまでを「はじめ」とするかについて，思考のズレが生じると考えられる。

### ●課題

　文章全体を三つに分けてみよう。

### ●思考のズレ

・①段落が「はじめ」／・①・②段落が「はじめ」／・これまでの説明文にあった「問い」が無いからわからない。

### ●問い

・どんな「問いの文」がどこに入るのだろうか。

・「はじめ」はどこまでなのだろうか。

・文章構成はどうなるのだろう？

### ●解決１

　まず，どんな問いの文が，どこに入るかを考えていく。①段落のみを「はじめ」とする場合と①②段落を「はじめ」とする場合に意見が分かれると考えられる。その際，次のような問いの文が考えられる。

【①段落のみ】　どんな食品にすがたを変えているのでしょうか。

【①②段落】　　どんなくふうをしているのでしょうか。

　だが，これだけではどちらの問いがよいか結論が出ない。

### ●解決２

　そこで，段落の主語に着目しながら要点をまとめていく。段落の主語とは，各段落の中心となる語であり，「何について書かれた段落か」の答えとなる。要点をまとめる際には，形式段落内の重要な文や言葉を短い文にまとめ，段落の主語を文末にして体言止めで表す。そうすると，①②段落は，段落の主語が「大豆」，③段落から⑦段落は，段落の主語は「くふう」，⑧段落の主語は「大豆」になっていることに気づき，三部構成をとらえることができる。

### ●解決３

　三部構成をとらえることで，「中」では，多くの事例が説明されているが，「なぜこの順番に説明されているのか」という新たな問いが生じる。その解決のために，接続語や段落内の説明の仕方，写真資料など述べ方に着目することで，「昔の人々のちえ」をわかりやすく説明するための筆者の述べ方の工夫についても考えられるようにする。

「ありの行列」（光村図書）

# 一番大事な段落はどれかな？

┌─ 授業のポイント ─
　指示語，接続語，文末表現の使い方やその役割から，「問い」と「答え」の論理展開を読むことを目指す。

## 1 この教材の特性と構造図

### ●尾括型で，実験観察型の説明文

　〈はじめ〉で「なぜ，ありの行列ができるのか」という一つの問いが提示され，実験観察がくり返された結果，〈おわり〉でその答えがはっきり述べられている。

### ●明確な論理展開

　読者は，〈なか〉のアメリカの学者ウイルソンが行った追究の過程を通して，行列ができるわけを知る。実験―観察―考察―研究―結論という論理展開が非常に明確である。

### ●指示語，接続語，文末表現の学習に最適な叙述

　指示語，接続語，文末表現の使い方に着目することで，それらの使い方を理解することや，文と文，段落と段落の連接関係から筆者の考えの述べ方を読み取ることができる。筆者が問いと答えをつなぐために，どのような展開で説明しているのかを読み取りたい教材である。

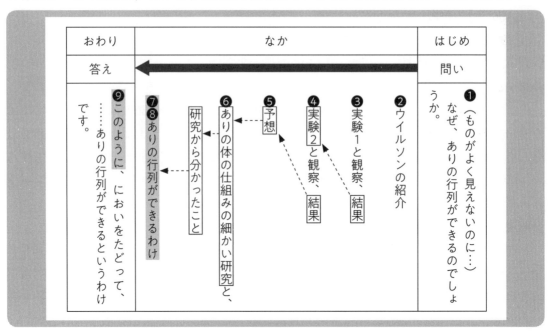

## ②指導の流れ

### ●思考のズレを生むポイント

　まず，問いと答えの文を探させる。「……なのでしょうか。」の文末表現は一つしかないので，①段落に問いの文があることはすぐにわかるだろう。答えの文は，⑧段落と⑨段落で迷う子どもも出るだろうが，文頭の「このように」と，文末の「……ありの行列ができるというわけです。」の表現から，⑨段落だと判別できる。そこで，〈なか〉の論理展開に注目させるきっかけとして，「答えがわかったなら②～⑧段落はいらないのでは？」と揺さぶる。当然，子どもは「必要だ」と言うだろう。そこで，課題を投げかける。

### ●課題

　②～⑧のうち，〈ありの行列のひみつ〉が書いてある一番大事な段落はどれかな？

### ●思考のズレ

・⑤段落／・⑥段落／・⑧段落

### ●問い

　文頭や文末の言葉から，各段落の役割を調べよう。

### ●解決１

　②～⑧の文頭と文末表現を表に書き出す。

### ●解決２

　表から，各段落の役割とつながりを考える。

　表にすると，⑤段落が前後の説明をつなぐ働きをしていることが見えてくる。文頭の「これらのかんさつから」より⑤段落より前に観察が複数あることが読み取れる。また，文末の「考えました」でウイルソンが観察を基に予想を立てたことも読み取れる。この予想を検証する研究を進めた結果，ありの行列ができるひみつを導き出したのだ。ひみつが書かれた大事な段落は⑧段落となるが，他の段落もひみつを解き明かす過程に不可欠であると気づかせたい。

| 段落 | 文頭 | 文末 | 役割 |
|---|---|---|---|
| ② | アメリカに， | しました。 | 紹介 |
| ③ | はじめに， | のです。 | 観察１ |
| ④ | 次に， | つづきました。 | 観察２ |
| ⑤ | これらのかんさつから， | 考えました。 | 予想 |
| ⑥ | そこで， | 分かりました。<br>えきです。 | 研究<br>結果 |
| ⑦ | この研究から， | 知ることができました。 | 結論 |
| ⑧ | はたらきありは， | なります。 | |

# 筆者の主張と事例の関係に着目して読む

**授業のポイント**

「頭括型の構成」「事例」「資料」「接続助詞による因果関係」という特徴から筆者の主張を読むことを目指す。

## 1 この教材の特性と構造図

　この教材は，写真家の筆者が，世界中を旅して出会った，人がいて家があるという風景を撮影し，その土地の特徴や人のくらしに合わせて，地元にある材料を使い，家は工夫してつくられているという主張を述べたものである。説明には，「終わり」がなく，筆者の主張を「はじめ」で述べ，その主張を支えるため，三つの事例が「中」で述べられている。「ため」「ので」などの接続助詞があり，それに着目しながら読むことで，因果関係をとらえることができる。写真や絵などの資料が豊富にあり，文章だけでなく，写真や絵にも目を向けさせ，それらがあることで，文章にはない更に詳しい情報を伝えることができることにも気づかせていきたい。

| 中 ⑭⑬⑫ | 中 ⑪⑩⑨ | 中 ⑧⑦⑥ | 区分 | はじめ ⑤ ④③②① |
|---|---|---|---|---|
| 井戸をほってもおからい水しか出ない。田で米を作ったり、水に利用。川で魚や貝をとったり。 | 夏は五十度近く・冬はれい度より下がる　雨が少なく、水はけのよい土地 | 草原　羊や馬を放牧してくらす　厳しい冬の寒さ | 土地の特徴・くらし | 筆者（写真家）人がいて家がある風景をとる |
| 屋根…じょうごのような形。雨水を飲み水に利用。わら・マングローブ | 地面の下（すごしやすい）　家族増→横にあな（新しい部屋） | ほね組み…木　フェルト（羊の毛）でおおう。　すぐ組み立てられる。 | 材料・工夫 | ボリビア　どんぐりのような形の家　／　ルーマニア　屋根まで木の板でできている家 |
| セネガル　屋根がさかさまの家 | チュニジア　地面にあなをあけた家 | モンゴル　移動できる組み立て式の家（ゲル） | 国家 | どの家もその土地のとくちょうや人々のくらしに合わせて、地元にある材料を使い、工夫してつくられている（主張）　／　話題提示　わたしのたずねてきた世界の家 |

## 2 指導の流れ

### ●思考のズレを生むポイント

　教材の特性として，「終わり」のまとまりが書かれていないこと，「はじめ」に筆者の主張があることが挙げられる。そのため，文章の「はじめ」「中」「終わり」を考えるという活動をすることで，「終わり」はあるのか。どこまでを「はじめ」とするのか。筆者の主張は何かについて，思考のズレが生じると考えられる。

### ●課題

　文章の「はじめ」「中」「終わり」は？

### ●思考のズレ

・「はじめ」はどこまでなのか。

・「終わり」はあるのか。

・筆者が伝えたいことは何か。

### ●問い

・題名「人をつつむ形——世界の家めぐり」からできる問いの文は何か。

・文章構成はどうなるのだろう？

### ●解決1

　まず，一読した後，題名から問いの文を考えていく。「どのように世界の家は人をつつんでいるのか」「なぜそのようにつつむのか」「いくつの世界の家が紹介されているのか」など出てきたところで，紹介された家を段落とともに確認し，②・③段落と，「中」の三つの事例のまとまりをとらえる。同時に，「終わり」のまとまりがないことを確認する。

### ●解決2

　次に，具体的な世界の家が出てこない①・④・⑤段落の役割を考えていく。①段落は，筆者の紹介，⑤段落は，話題提示であり，④段落に筆者の主張が述べられていることを確認する。

### ●解決3

　そして，「どのように世界の家は人をつつんでいるのか」「なぜそのようにつつむのか」を「ため」「ので」などの接続助詞に着目しながら読んでいく。その際，筆者の主張にある「その土地のとくちょうや人々のくらし」に合わせ，「地元にあるざいりょうを使い，くふうしてつくられている」と対応させ，写真や絵を活用しながら整理して読んでいく。

　さらに，なぜ，筆者は「はじめ」に主張を述べ，「中」の事例で終えたのかについて考えることで，筆者の世界の家めぐりには，ここで紹介していない家が他にもいろいろあることを感じられるようにする。

**4** 年 「ヤドカリとイソギンチャク」（東京書籍）

# 一文で説明文を要約する

┌─ 授業のポイント ─────────────────────
　「問い」の段落の数から意味段落をとらえ，段落と段落のつながりから文章構造をとらえることを目指す。

## 1 この教材の特性と構造図

　本教材は，実験観察型の説明文である。この説明文は，実験観察を通して問いが次の問いを生み出す展開が特徴となり，三つの問いが実験と観察によって繋がっている。ただ，「ありの行列」（光村３年下）と比べると，因果関係は弱く，淡々と理由・方法・説明を述べている。

　また，尾括型の説明文でもある。始め・中・終わりの構成がわかりやすく，中の部分が筆者の三つの問いと，それに対する答えによって構成されている。それをおさえることによって，文章全体の段落相互の結び付きや，ヤドカリとイソギンチャクの関係をとらえやすい教材である。

　さらに，１段落の序論が話題提示になっており，全体を貫く問いはない。問いは中の部分に内包されている。また，12段落が結論であるが，問いの答えではなく，共生という一般化された筆者の主張を展開している。

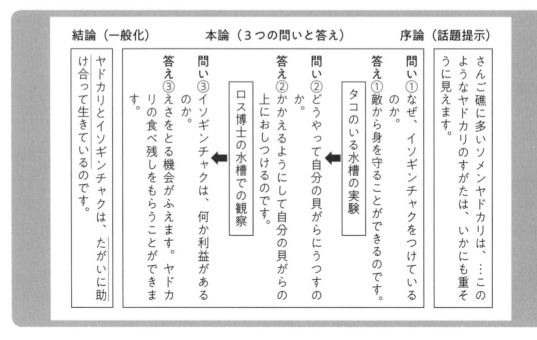

## 2 指導の流れ

### ●思考のズレを生むポイント

まずは，教材を一文で要約する。

> 基本文型「筆者が，○○【事例】によって，○○の大切さを伝えようとした話。」で文章構造を表現する。

筆者を主語にして，結論の12段落から「たがいに助け合って生きている」という主張部分を使って，一文で要約する。「○○【事例】によって」の部分に何を入れるかが，思考のズレが表れてくる。

### ●課題

筆者を主語にして，本文を一文にしてみよう。

### ●思考のズレ

・筆者が，イソギンチャクを付けたヤドカリの様子によって，助け合って生きる大切さを伝えようとした話。

・筆者が，ヤドカリとイソギンチャクとの様子によって，助け合って生きる大切さを伝えようとした話。

### ●問い

ヤドカリ，ヤドカリとイソギンチャクのどちらを一文の事例部分にしたらよいのだろうか。

### ●解決1

説明文を一文で要約する活動である。説明文の場合は，筆者を主語にして一文を作らせるため，「筆者が，○○によって，○○を伝えようとした話。」という表現になる。まず，「○○を伝えようとした話」の部分について話し合う。すると，尾括型の説明文の特徴は最終段落に筆者の主張・要旨があるという「原理・原則」を活用する。従って，「たがいに助け合って生きているのです。」という文が一文の最後に入ることがわかる。

### ●解決2

「○○によって」の部分に何を入れるかが，問いになる。ヤドカリか，ヤドカリとイソギンチャクか，どちらを事例にするかである。段落の主語は，１～９段落までがヤドカリ，10と11段落がイソギンチャクになっている。12段落だけがヤドカリとイソギンチャクである。従って，「たがいに助け合って生きているのです。」という文が12段落になっていることから，ヤドカリとイソギンチャクの事例を入れることが適当であることがわかる。つまり，事例の目的は，ヤドカリとイソギンチャクの共生なのである。

**4年** 「思いやりのデザイン」（光村図書）

# 図や表を使って相手の立場を考える

┌─ 授業のポイント ─
「案内板を見る人」を視点として二つの案内図の役割と目的をとらえることから題名の意味を読んでいく。

## ① この教材の特性と構造図

本教材の特性の一つ目は，接続語・指示語による論の展開である。「それらのように」「このように」「つまり」「いっぽう」などのように，文脈を収束させたり，具体をまとめて抽象化させたり，定義したりする働きによって，論の展開を構成している。

二つ目は否定形の効果である。否定形の接続語「しかし」を使って，条件提示を行っている。
「この街に来た多くの人の役に立ちます。<u>しかし</u>，目的地が決まっている人にとってはどうでしょうか。」

この「しかし」は，逆接関係だけでなく，地図を見る立場の条件を強調する役割をもった接続詞である。

三つ目は，表による条件整理が必要な教材である。「目的地が決まっている人」「街全体の様子を知りたい人」という見る人の条件によって，地図の必要な情報が違ってくる。

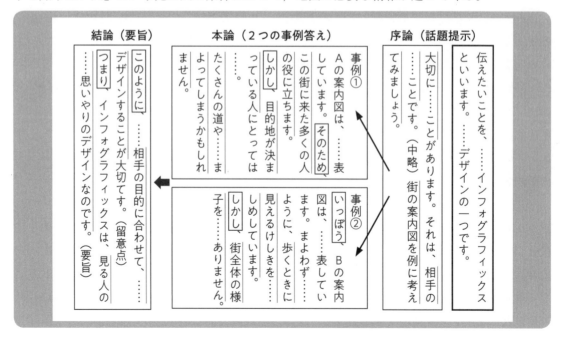

序論（話題提示）

伝えたいことを、…インフォグラフィックスといいます。それは、相手の…デザインの一つです。

大切に…ことがあります。それは、…ことです。（中略）街の案内図を例に考えてみましょう。

本論（２つの事例答え）

事例①
Aの案内図は、…表しています。そのため、この街に来た多くの人の役に立ちます。しかし、目的地が決まっている人にとってはたくさんの道や…まよってしまうかもしれません。

事例②
いっぽう、Bの案内図は、…表しています。まよわず…ように、歩くときに…見えるけしきを…しめしています。しかし、街全体の様子を…ありません。

結論（要旨）

このように、…相手の目的に合わせて、…デザインすることが大切です。（留意点）つまり、インフォグラフィックスは、見る人の…思いやりのデザインなのです。（要旨）

## 2 指導の流れ

### ●思考のズレを生むポイント

街の案内図を見る人の立場を探すために，次のような指示をする。

「人という漢字が付いた言葉を探しましょう」

すると，五種類の「人」という言葉を探し出すことができる。ここがポイントである。この五種類の「人」がどのような関係になっているかが，思考のズレを生む。

### ●課題

街の案内図を見る「人」は，何種類？

### ●思考のズレ

・この街に来た多くの人

・目的地が決まっている人

・けしきをさまざまに想像しながら見る人

・街全体の様子を知りたい人

・見る人　条件（地図の種類）で考えるのか，利点と欠点で考えるのか，をとらえさせる。

### ●問い

街の案内図を見る「人」は，どのような関係になっているのでしょうか。

### ●解決1

指示　見る人の関係を円の重なりの図で表しましょう。

具体と抽象，事例である地図の種類，その利点と欠点で関係性を考えるのかを話し合う。すると，右の図のような円の重なりの図にまとめられる。

### ●解決2

問い　その利点と欠点の関係で整理するには，どうしたらよいのだろう。

その解決をするためには，表で整理することが有効であることに気づかせるようにする。

| 街の案内図 | 事例①　Aの案内図 | 事例②　Bの案内図 |
|---|---|---|
| 特徴 | だれが見ても分かるように | 目的地までの道順と目印になる建物だけ |
| 利点 | この街に来た多くの人の役に立つ | けしきを想像しながら見る人にとっては，いちばん分かりやすい道順にしぼってしめしている |
| 欠点 | 目的地が決まっている人にとってはどの道順で行けばよいのかまよってしまう | 街全体の様子を知りたい人にとっては，十分なものではない |

# 強調したい筆者の考えや思いを読み取る

**授業のポイント**

題名の「ほこる」に着目し，その内容を問うことで子どもたちの困った感からの思考のズレをつくり，その解決を目指す。

## 1 この教材の特性と構造図

本教材の特性は，三つある。

一つ目は，双括型の説明文である。「より多くの人に和紙のよさを知ってもらい，使ってほしい。」という結論①から，「みなさんも，世界にほこる和紙を，生活の中で使ってみませんか。」という結論②を導く。主張の強い文型である。

二つ目は，結論②は，むしろ結論ではなく，呼びかけという筆者の思想が強い表現である。この筆者の思想は，文型だけでなく，「わたしは，ほこりに思っています。」「わたしは考えます。」という文章表現にも表れている。また，題名の「ほこる」という言葉の使い方にも表れている。三つ目は，比較の文章である。洋紙と和紙という比較，和紙のもつよさと選ぶ私たちの気持ちという比較である。筆者の主張としては，後半に説明されている方をより強く主張したいように読み取れる。

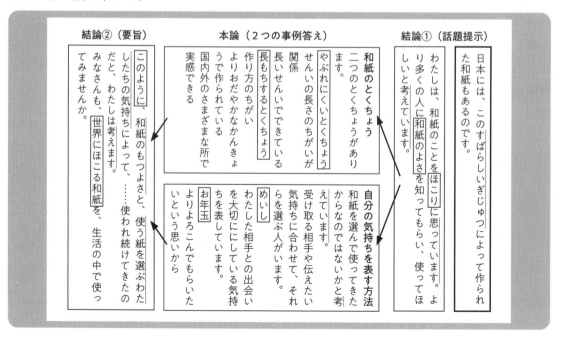

## 2 指導の流れ

### ●思考のズレを生むポイント

　筆者が「ほこり」に感じている和紙のよさが何なのかを読み取ることが，この教材の中心的な言語活動になる。そのために，そのよさと思われる内容をすべて発表させる。その上で，まず「とくちょう」と「気持ちを表す方法」とに類別する。その比較によって生まれる問いを大切にしたい。そのために，それぞれのよさ同士がどんな関係になっているかを考えさせることが必要になる。それが，思考のズレを生むポイントである。

### ●課題

　題名の「ほこる」とは，和紙のどんなよさをほこっているのだろう。

### ●思考のズレ

・やぶれにくいというよさ

・長持ちするというよさ

・自分の気持ちを表すことができるというよさ

・選ぶことができるというよさ

### ●問い

　筆者は，和紙の特徴と気持ちを表す方法のどちらを読み手に強調したいのだろう。

### ●解決1

　まず，表で和紙のよさをまとめさせる。

| 和紙のとくちょう | 気持ちを表す方法 |
|---|---|
| やぶれにくいというよさ | 自分の気持ちを表すことができるというよさ |
| 長持ちするというよさ | 自分で選んで使うことができるというよさ |

　まず，和紙の特徴は，やぶれにくいことと長持ちすることの二つあることをおさえる。次に，自分の気持ちを表すことと自分で選んで使うということとが包含関係になっていることをおさえる。つまり，自分で選んで使うことが，自分の気持ちを表すことになるという読みを成立させる。

### ●解決2

　最後に，和紙の特徴と気持ちを表す方法のどちらを筆者は強調したいのかを問う。そのために，10段落の「とてもすてきなことです。」という叙述をおさえる。その「すてきな理由」を読み取らせるようにする。すると，和紙のよさだけではなく，選んで使うことで気持ちを表すことができるよさを筆者は感じており，強調したいことが読み取れる。

**4**年　「くらしの中の和と洋」（東京書籍）

# 表を使って和と洋を比べて読む

---
**授業のポイント**

　複数の事例比較から文章全体を俯瞰し，表に整理して読むことから，筆者の主張を読むことを目指す。

---

## 1　この教材の特性と構造図

　本教材の特性は，比較の説明文である。「和」と「洋」を比較している。その比較の仕方に特徴がある。それは，比較の観点が明確であるということである。最初に，「衣食住」の中の「住」を取り上げ，「和と洋の良さ」という観点で比較している。まず，「最も大きなちがいは，ゆかの仕上げ方とそこに置かれる家具だ」と結論付ける。その観点は，「部屋のすごし方」と「部屋の使い方」だという。つまり，大きな比較から，小さな比較へと論を展開していく。

　次に，具体と抽象の関係が効果的に活用されている。例えば，「いろいろな目的に使う良さ」という抽象を，「例えば」という副詞を使用し，その具体を述べる。さらに，具体と抽象が明確であるため，意味段落がとらえやすく，抽象から具体へという頭括的な論の展開になっているため，文章構造がとらえやすい。

| 結論（主張） | 本論（和と洋のそれぞれの良さ） | 序論 話題提示 |
|---|---|---|
| ⑭ このように見てくると、和室と洋室には、それぞれ良さが……取り入れてくらしている。<br>⑮ 「衣」「食」についても、それぞれの良さがどのように生かされているか、考えることができる。 | **部屋のすごし方の良さ**<br>【洋室】⑩ 次の動作にうつるのがかん単。<br>【和室】⑨ 長時間同じしせいですわっていても、つかれが少ない。<br>⑧ 人と人との間かくが自由に変えられる。自然にきょりの調節ができる。間をつめればみんながすわれる。<br>　<br>**部屋の使い方の良さ**<br>【和室】⑬ 一つの部屋をいろいろな目的に使うことができるという良さがある。しかし、和室が一部屋あれば…<br>【洋室】⑫ そこに置いてある家具で、何に使う部屋かだいたい見当が付く。何をするかがはっきりしていて、そのために使いやすくつくられている。 | ③ 和室と洋室の最も大きなちがいは、ゆかの仕上げ方とそこに置かれる家具だといってよいでしょう。……このちがいが、それぞれの部屋の中でのすごし方や、部屋の使い方の差を生み出すと考えられます。<br>② 「衣食住」の中の「住」を取り上げ、日本のくらしの中で……考えてみましょう。<br>① 日本では、くらしの……「和」と「洋」が入りまじっています。 |

## ② 指導の流れ

### ●思考のズレを生むポイント

「和」と「洋」を比較して読むために，筆者の立場を想定して考えることで，ズレを生ませる。

### ●課題

筆者は「和」と「洋」のどちらの良さをすすめているのでしょうか？

### ●思考のズレ

・「和」の良さをすすめている。後半からは洋を説明してから，和を説明しているから。

・「洋」の良さをすすめている。後半では，洋室が後に説明されているから。

・どちらもすすめている。「和室と洋室には，それぞれ良さがある」と書いてあるから。

### ●問い

・和室と洋室の良さにどんな違いがあるのだろう。

・「和」と「洋」の両方の良さを生かすとは，どんなくらしなのだろうか。

### ●解決1

「和室と洋室の良さにどんな違いがあるのだろう」という問いの解決には，表で整理することが有効であることに気づかせるようにする。

| 良さ | 洋室 | 和室 |
|---|---|---|
| すごし方 | 人との間かくが自由に変えられる。自然にきょりの調節ができる。間をつめればみんながすわれる。 | 長時間同じしせいですわっていても，つかれが少ない。次の動作にうつるのがかん単。 |
| 使い方 | そこに置いてある家具で，何に使う部屋かだいたい見当が付く。何をするかがはっきりしていて，そのために使いやすくつくられている。 | 一つの部屋をいろいろな目的に使うことができるという良さがある。和室が一部屋あれば……できる。 |

### ●解決2

「和と洋の両方の良さを生かすとは，どんなくらしなのだろうか」という問いの解決には，良さを生かす条件（場）を表で整理して読ませる。下線の引いた言葉を生かして，「和と洋を生かしたくらしとは」を主語にして要約させる。

| | 良さ | 目的・場 |
|---|---|---|
| 洋室 | 同じ姿勢でも疲れない<br>次の動作に移るのが簡単<br>何に使う部屋か見当がつく | それぞれの目的に合わせた姿勢がとれるように，形が工夫され初めてたずねた家の部屋 |
| 使い方 | いろいろなしせい<br>自然なきょりの調節<br>和室一つあればいろいろな目的に使える | きちんとした場　くつろいだ時<br>相手が親しい　目上の人の場合<br>家にお客さんがやってきて，食事をし，泊まっていく |

「数え方を生みだそう」（東京書籍）

# 三つに分けて文章構成を考えよう

授業のポイント

　三部構成をとらえる場では「思考のズレ」が生じやすい。その解決を図り筆者の主張に迫る読みを目指す。

## 1　この教材の特性と構造図

　本教材の特性は，二つある。

　まず，具体と抽象が明確な説明文である。特に，抽象部分が先に述べられ，その具体を後から述べるという頭括型の意味段落を構成している。例えば，「数え方は，今あるものを正しく覚えて使うだけでなく，新しく生みだすことだってできるのです。」という抽象を述べ，「例えば」という副詞を使いながら，新しい数え方の具体を述べている。

　次に，逆接の接続語を効果的に使用した説明文である。特に，二つの事例を比較しながら，逆接の接続語を効果的に使用して後の事例を強調する。例えば，「新しく生みだす数え方」と「受けつがれた数え方」とを比べた上で，「一方で」という接続語を効果的に使用し，「新しいものを生みだせるという，言葉のじゅうなんさにも目を向けることが大切です。」という筆者の考え方を強調している。

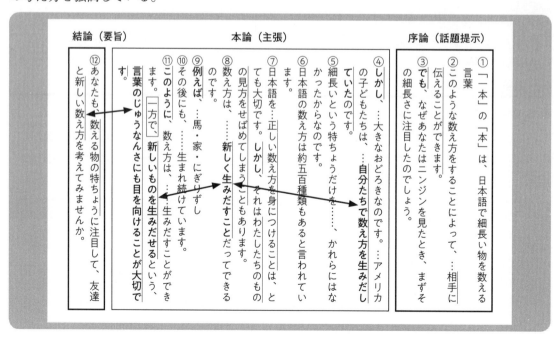

## 2 指導の流れ

### ●思考のズレを生むポイント

　①段落から⑤段落が始めととらえる考え方と①段落から③段落が始めととらえる考え方でズレる。話題提示が何なのか，話題提示部分がどこまでなのかの検討がポイントになる。また，終わりの部分が⑪段落と⑫段落という考えと，⑫段落だけという考え方でズレる。それは，まとめと主張をセットでとらえて外に出すか，まとめは中の部分に入れて，⑫段落だけ外に出すのかという検討がポイントになる。

### ●課題

　「始め・中・終わり」の三つの部分に分けよう。

### ●思考のズレ

・①段落から③段落が始め。中が④段落から⑪段落まで，終わりが⑫段落。
・①段落から⑤段落が始め。中が⑥段落から⑩段落。終わりが⑪段落と⑫段落。
・①段落から⑤段落が始め。中が⑥段落から⑪段落。終わりが⑫段落。

### ●問い

・話題提示の段落は，①段落から⑤段落なのか，①段落から③段落なのか。
・⑪段落は中の部分に入るのか，終わりの部分で外に出るのか。

### ●解決1

㊲話題は何で，どこまでが話題になるのだろうか？
・日本語を生活に使っている人の物の特徴のとらえ方
・日本語を使って生活している人と日本語を外国語として勉強している人との比較
・新しくものを生みだすことの大切さ

　⑤段落から日本とアメリカの子どもたちの比較で，自分たちで数え方を生みだすことの大切さが，本論部分に入ることを読み取らせるようにする。

### ●解決2

㊲⑪段落は中の部分に入るのだろうか，終わりの部分で外に出るのだろうか。

　「一方で」という接続語が，何を強調しているのかの検討が重要になる。「新しいものを生みだせるという，言葉のじゅうなんさ」とは何かを考えさせる。そこで，くり返し使用されている「生みだす」という叙述を書き抜くことで，筆者の伝えたい重要語句であることに気づかせるようにする。そのことで，⑪段落がまとめになっていることが読み取れる。

**5年** 「動物たちが教えてくれる海の中のくらし」（東京書籍）

# 問いと答えの関係から，筆者の論の進め方をとらえる

**― 授業のポイント ―**

「問いと答え」のまとまりから文章全体の構造をとらえ，段落と段落のつながりを読むことを目指す。

## 1 この教材の特性と構造図

　文章構成は，序論（①②）本論(1)（③④）本論(2)（⑤⑥）本論(3)（⑦⑧）結論（⑨⑩）に分けられ，尾括型で構成されている。読み手の興味を誘う題名と尾括型の構成で，効果的に筆者の驚きや発見が述べられている。

　本論では，調べた事実を基に，「問いと答え」がくり返され，科学的に追究する過程が述べられている。事例にある様々な動物は，筆者の考えをより確かなものにしていく順序で挙げられていき，筆者の考えの説得力を高め，問いから問いへとつなぐ橋渡しとなっている。

　接続語（一方・そこで・このほかにも・すると等）や文末表現（〜はずだ・〜のだ等）に着目すると，論の道筋が明らかになり，事実と意見を区別し，理由と筆者の考えのつながりをつかむことができる。

| 結論 | 本論(3) | 本論(2) | 本論(1) | 序論 |
|---|---|---|---|---|
| ⑩これから改良されたバイオロギングによって、動物たちのくらしぶりが見えてくると… | ⑨海の中でくらす動物たちは、意外とゆっくり泳いでいた。その理由は、つかれることなく泳ぎ続けられるちょうどよい速さを選んでいたのだ。 | ⑥（答え）マッコウクジラもペンギンやアザラシと同じような速さで泳いでいた。 | ④（答え）体が大きいからといって、必ずしも速く泳ぐわけではなさそうだ。 | ②「バイオロギング」によって、動物たちが海の中のくらしを教えてくれる。 |
| | ⑧（答え）海の動物たちにとって大切なことは、できるだけ楽に移動することだ。 | ⑤（問い）どのくらいの速さで泳いでいるのか。 マッコウクジラ がどれほど深くもぐれるのか。 | そこで 確かめるため キングペンギン 一方、ウェッデルアザラシ | ①海の中のくらしを、わたしたちは分かっていない。 |
| | ⑦このほかにも 泳ぐ速さが、せまい範囲におさまっている。 これはいったいなぜなのか。 さまざまなほ乳類や鳥類 | 他の種類のペンギンとアザラシ 泳ぐわけではなさそうだ。 確かめるため | ③（問い）泳ぐ速さと体の大きさには関係があるのか。 | |

（真実）を理由として挙げ、考えへと導く

## ② 指導の流れ

### ●思考のズレを生むポイント

「問いと答え」の関係から三部構成をとらえようとすると，問いの段落のとらえにズレが生じる。文末表現だけに着目すると，子どもは次の三つと答えるだろう。

②段落　動物たちは海の中で何を見て，……だろうか。

⑤段落　……どれくらいの速さで泳いでいるだろう。

⑦段落　……これはいったいなぜなのか。

しかし，②段落は問いかけによる話題提示であり，③段落には，直接書かれていないが，「泳ぐ速さと体の大きさには関係があるか」という問いがある。

### ●課題

文章全体を「序論・本論・結論」のまとまりで分けると，どこで分かれますか。

### ●思考のズレ

三部構成をどこで分けるかでズレが生まれる。このズレを解決するために，本論がどんなまとまりで分けられるかを考える。

### ●問い

・どこで三つに分かれるのだろう。

・「本論」は，どんなまとまりで分けられるだろう。

### ●解決１

問いと答えの関係から，段落のまとまりをとらえる。②段落の問いの文には，対応する答えがなく，序論の話題提示であることがわかる。また，⑤⑥段落と⑦⑧段落が，問いと答えが隣り合わせにあることに気づくと，問いと答えのまとまりから，二つの意味段落をとらえることができる。しかし，④段落の筆者の意見（答え）「体が大きいからといって，必ずしも速く泳ぐわけではなさそうだ」には，対応する問いがない。このことから，ひとつ前の③段落の役割について吟味するきっかけをつくる。

### ●解決２

接続語の働きから，文と文のつながりをつかみ，段落の役割をとらえる。③段落には，動物たちの海のくらしについて，科学的に追究するきっかけとなる問いがある。その問いは，直接書かれていないが，接続語を用いて，筆者の疑問が論理的に述べられている。「一方」を使って，キングペンギンとウェッデルアザラシが対比的に事例を挙げ，人間との違いから，「だから」で疑問を述べている。

問いと答えの関係と接続語の働きについて考えることを通して，筆者の論理展開をつかみ，科学的に追究する論の進め方をとらえていく。

# 事例と筆者の考えのつながりから，文章構成をとらえる

> ┌ 授業のポイント ┐
> 　文章の構成を問うことから思考のズレを生み，筆者の主張と「問い」と「答え」のまとまりをとらえることから問いの解決を図っていく。

## ❶ この教材の特性と構造図

　文章構成は，「はじめ」①段落・「中」②〜⑩段落・「終わり」⑪⑫段落に分けられ，双括型で構成されている。「はじめ」と「終わり」で筆者の主張をくり返し，「中」で根拠となる事例を挙げて説得力を高める双括型の文章構造を理解するのに適した教材である。

　「中」で挙げられている三つの事例は，「問いと答え」の関係でまとまりをつくり，それぞれに筆者の考えと結び付いている。一つ目の事例は，「言葉の意味には広がりがある」という考えを具体的に説明し，⑤段落以降の二つの事例は，「言葉の意味のはんいを理解する必要性」について説明し，筆者の考えを支えている。

　「終わり」では，「言葉の意味を広げ，そのはんいを理解する」ことを「言葉の意味を面で理解する」と言い換えて主張している。

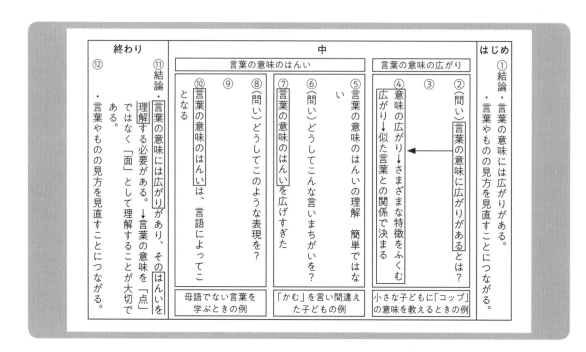

## 2 指導の流れ

**●思考のズレを生むポイント**

「はじめ」「中」「終わり」の三つに分けるにあたっては，筆者の主張が「はじめ」と「終わり」でくり返されていることに気づき，双括型の文章構造をとらえることがポイントとなる。

また，本文中にある「問い」は全体を貫くものではなく，三つの「問いと答え」のまとまりが，「中」の意味段落をつくっている。

**●課題**

どんなまとまりが，いくつあるだろう。

**●思考のズレ**

文章全体をどのように三つに分けるか，「中」をどんなまとまりに分けるかで，友だちとの意見とのズレが生まれる。自分で分けたそれぞれのまとまりにタイトルを付けさせると個々の考えがより明確になり，考えの違いが顕在化する。

**●問い**

・「はじめ・中・終わり」はどこで分かれるのだろう。

・「中」は，どんなまとまりに分けられるのだろう。

・筆者の主張は，どこに書いてあるのだろう。

**●解決1**

「はじめ・中・終わり」の三つの大きなまとまりに分け，文章全体の構成をとらえる。①段落にある「言葉の意味には広がりがある」「言葉やものの見方を見直すことにつながる」という筆者の主張が，「終わり」でもくり返し述べられていることに気づかせ，双括型の文章であることをおさえる。「はじめ」に筆者の伝えたいことの骨子が前提として述べられ，「終わり」では，「中」の情報を受けた上で述べられ，より詳しく主張性の強い内容になっている。そのことによって，説得力をより高めている。双括型の特徴や効果についても考えることができる。

**●解決2**

問いと答えの関係に着目し，「中」を内容のまとまりで分け，事例と筆者の考えとのつながりをとらえる。

問いのある段落を見つけ，「問い」に対する「答えと説明の部分」を区別して読み，まとまりをとらえさせる。⑤段落がどちらのまとまりに入るか，迷う子どもも多いだろう。それぞれのまとまりが，どんな役割をしているかを問いの答えの部分から考える。⑤段落以降の二つの事例は，「言葉の意味のはんいの理解」について詳しく説明しており，⑪段落の筆者の主張のプラス $\alpha$ の部分と結び付いている。

**年** 「固有種が教えてくれること」（光村図書）

# 筆者の主張（要旨）をとらえる

┌─ **授業のポイント** ─────────────────────────────
　三部構成から双括型の構成をとらえ，「序論」と「結論」の部分から主張を読み「要旨」
をまとめることを目指す。
└────────────────────────────────────────

## 1 この教材の特性と構造図

　文章構成は，「はじめ」①②段落・「中」③〜⑩段落・「終わり」⑪段落に分けられ，双括型で構成されている。②段落と⑪段落で，筆者の主張が同じ内容でくり返し述べられ，主張が強調されている。⑪段落の筆者の主張は，文末表現や価値付けの仕方に着目すると，②段落よりも踏み込んだ述べ方になっていることがわかる。

　本文では，図やグラフ，写真等の多くの資料が効果的に用いられている。提示されている資料には，「理解を補うもの」や「説明の根拠・論に説得力をもたせるもの」があり，それぞれの資料の意味や効果を，本文と対応させながら読むことができる。

　題名「固有種が教えてくれること」が，何かを読むことで，本論の事例とのつながりがみえ，筆者の主張をより鮮明にとらえることができる。

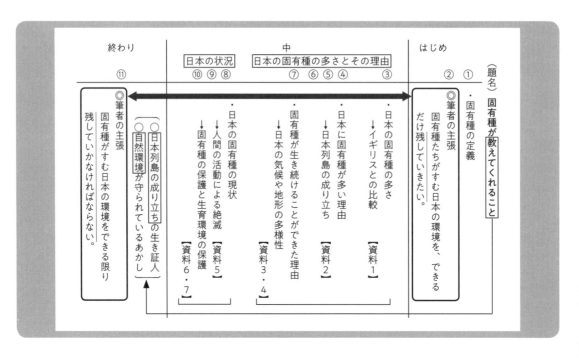

## ❨2❩ 指導の流れ

### ●思考のズレを生むポイント

　教材文を読んだ子どもに，筆者の主張（要旨）を120字程度でまとめるよう課題を出す。多くの子どもは，「どうすれば要旨をまとめることができるのか？」と「問い」をもつだろう。この問いを基に，要旨をまとめるときに困ったことや悩んだことを出させ，考え，解決する過程をつくる。

　要旨をとらえることは，単に，最後の段落を短くまとめることではない。それぞれの段落やまとまりにどのようなことが書かれているかを整理し，全体の構成を考えながらとらえていくことが大切となる。

### ●課題

　筆者の主張（要旨）を120字程度でまとめよう。

### ●思考のズレ

・どの段落を中心にまとめたらいいのか。／・どのキーワードや文が必要か。

### ●問い

　何をどのようにまとめればいいのかな。

### ●解決1

　文章を「はじめ」「中」「終わり」の三つに分け，文章の構成をとらえる。筆者の主張が「はじめ」と「終わり」でくり返されていることに気づかせ，双括型の文章構造であることをおさえる。また，「中」で書かれている内容のまとまりを読み，見出しを付けて整理する。「中」を大きく二つに分ける。

### ●解決2

　題名「固有種が教えてくれること」を読む。固有種が何を教えてくれるのかを読むことを通して，筆者の主張「固有種がすむ日本の環境をできる限り残していかなければならない」理由をとらえる。本文中にある「証人」「あかし」を手がかりにして読み取り，それらの理由が，本論で述べられている事例と，どのようにつながっているのかを読み取っていく。

　また，⑪段落にある資料6「天然林等面積の推移」のグラフと資料7の「全国のニホンカモシカほかく数」のグラフは，筆者の主張を裏付けるものになっており，説得力を高める効果があることにも気づかせていく。

### 【要旨例】

　固有種は，生物の進化や日本列島の成り立ちの生き証人であり，日本列島のゆたかで多様な自然環境が守られていることのあかしである。よって，固有種がすむ日本の環境をできる限り残していかなければならない。それは，日本にくらすわたしたちの責任である。

# 和の文化についてしらべよう

┏━ 授業のポイント ━
「サブタイトル」の「和菓子」を具体例とした内容から「題名」に象徴されている筆者
の主張を読む。

## ① この教材の特性と構造図

　「和の文化を受けつぐ」一つの例として和菓子を探ることが取り上げられている。筆者は，
生活の中にある伝統的な日本文化について考えることで，日本文化を受け継いでいくことがで
きると結論部で述べている。つまり，読者が，伝統の継承者となること，例として挙げている
和の文化について，調べ，考えることを期待している。

　和の文化について，考え，調べる観点を三つ挙げ，その一つである和菓子の説明は，調べた
ことをパンフレットなどにまとめやすい文章構成にしている。

　また，わかりやすい説明の仕方が，多様に示されている。まず序論で観点を挙げ，順序よく
説明して結論に一致させている。事例を列挙するときの接続語も工夫されている。年表や写真
も効果的に使っている。これらは，調べたことをメモしたり文章化したりするときに生かした
いものである。

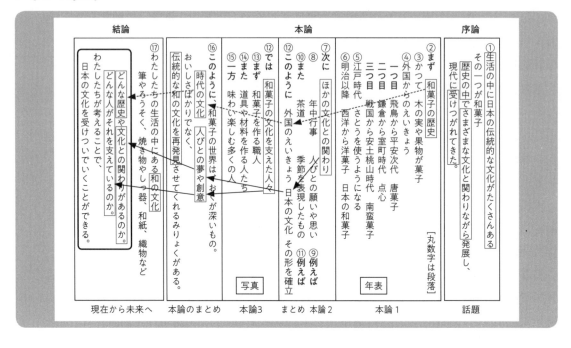

## ２ 指導の流れ

### ●思考のズレを生むポイント

　題名の「和の文化を受けつぐ」は，これから先も和の文化が引き継がれていってほしいという筆者の考えを表している。その和の文化の一つが「和菓子」であることを副題が伝えている。最終段落からは，さらに「和の文化を受けつぐ──○○○をさぐる」というほかの具体例への展開もうかがえる。副題のついている長い題名から問いを引き出し，和の文化について探ろうという展開をつくりたい。

### ●課題

　題名は短く，「和の文化を受けつぐ」「和菓子をさぐる」のどちらかにしたらどうだろう。

### ●思考のズレ

・和菓子を中心に書いているから，「和菓子をさぐる」にしてもいいと思う。

・「和の文化を受けつぐ」ことを訴えているからこれだけでもいいと思う。

・ほかにも探ってほしいものがあるから，「和菓子をさぐる」がつけ足してあると思う。

### ●問い

・「和の文化を受けつぐ」とは，何をだれがどのように受け継ぐのだろう。

・和菓子をさぐって，どんなことがわかったのだろう。

### ●解決１

○筆者の考えをつかむために全体の構成をとらえよう

　文章全体を序論・本論・結論の三部に分ける。具体例の「和菓子」についての叙述がある部分とない抽象の部分で分けることができる。

例

### ●解決２

○「和菓子」について，詳しく読もう

　筆者が，三つの観点「歴史」「ほかの文化との関わり」「支える人々」で，説明していることをとらえて読むようにする。

○「和の文化を受けつぐ」ことについて筆者の考えをまとめ，それについて自分が考えたことをまとめよう

○「和菓子をさぐる」を読んで，パンフレットにまとめるときの構成を考えよう（右図）

### ●解決３

○和の文化について調べ，方法を選んで報告しよう

　筆者の挙げた例を基に調べる物を身の回りから探す。

# **5** 年

# 「『弱いロボット』だからできること」って，どんなこと？

---
**授業のポイント**

「題名」を「問い」として，その解決を図っていくことで「題名」に込められた筆者の主張を読んでいく。
---

## **1** この教材の特性と構造図

### ●尾括型の説明文

〈序論〉で，「『弱いロボット』は，わたしたちとテクノロジーの関係を考えるうえで，重要な視点を投げかけている」と問題提起し，〈結論〉でその「重要な視点」を明らかにする尾括型の文章。筆者の主張は「重要な視点」に込められている。〈本論〉では，(1)テクノロジーの進歩と問題点，(2)「弱いロボット」だからできること，(3)「弱さ」のもつ力の有用性を，読み手の生活に身近な事例を挙げながら段階的に説明している。

### ●筆者の主張を支える事例

本論の(2)「ごみ箱のロボット」のできることを正しく読み取ることが，「赤ちゃん」の事例を重ねた筆者の意図や，〈結論〉＝「重要な視点」に込めた筆者の主張や思いをとらえることにつながる。

| 結論 | 本論3 | 本論2 | 本論1 | 序論 |
|---|---|---|---|---|
| ❿〈テクノロジーと人間が共存していくための未来の在り方〉<br>「弱さ」を受け止め，たがいに関わりながら生きていくこと（＝人間どうしがつながりの中に求めるもの） | ❾テクノロジーが進歩し過ぎると心地よい関係から遠ざかる<br>❽［赤ちゃん］と［ごみ箱ロボット］の「弱さ」＝人々との関わりや，周囲の人どうしの協力関係を作り出す<br>↓たがいに支え合う心地よい関係<br>〈「弱さ」がもつ力〉<br>❼事例2「人間の赤ちゃん」＝「弱いロボット」<br>何もできないのに，人の関心と手助けを引き出す。赤ちゃんがぐずると大人はミルクを用意しおもちゃで遊ぶ<br>↓赤ちゃんは，食事をとりほしいものを手にする！ | ❻周りの人の協力を引き出し，行動をさそう力あり<br>↓たがいの思いが伝わる気がする。手伝う喜びを感じる<br>〈「弱いロボット」だからできること〉<br>❺事例1「ごみ箱ロボット」たよりない生き物に見えて，人は思わずごみを投げ入れる→ロボットはその場をきれいにできる！<br>❹不完全さで人の助けを引き出し，目的を達成する | ❸〈テクノロジーの進歩と問題点〉<br>❷スマートフォン，パソコンなど，高性能機器の実用化<br>「何かをしてくれる」製品と「何かをしてもらう」存在<br>してくれないことにがまんできない，してもらって当然 | ❶〈わたしたちとテクノロジーの関係への問題提起〉<br>「弱いロボット」が投げかける重要な視点 |

## ②指導の流れ

### ●思考のズレを生むポイント

まず，題名から問いの文を作る。

> 「『弱いロボット』だからできること」って，どんなこと？

子どもに予想させた後，本文を読み，問いの答えを各自ノートに書かせる。子どもは，「弱いロボット」の事例である「ごみ箱ロボット」の働きに触れた叙述を書くだろう。中には❿段落の叙述を書き抜く子どももいるだろう。さあ，問いの答えとして正対する叙述は一体どこなのか。ここに，文章構成を整理して読むべき場所を絞り問いの答えを探して行く，という学習の目的が生じる。

### ●課題

「『弱いロボット』だからできること」って，どんなこと？

### ●思考のズレ

・ゴミが拾える，ゴミを拾うように仕向ける／・周りの人の協力を引き出したり，行動を誘ったりする／・「弱さ」を受け止め，たがいに関わりながら生きていくこと

### ●問い

答えはどこを読めばわかる？　文章構成を明らかにしよう。

### ●解決１　（構造図参照）

文頭の言葉や接続語，文末，中心となっている話題などを手がかりに，段落を仲間分けする。

### ●解決２

本論をまとまりごとに読む。「ごみ箱ロボット」の事例では，頼りないロボットがごみを拾うよう周囲の人に仕向けている。高性能な機器にはない「人の協力を引き出し，行動を誘う」力があることをとらえる。赤ちゃんの事例では，「周囲の人どうしの協力関係も作り出す」力が追加されていることをおさえる。一見答えが出たようだが，これらは事例に関する叙述に過ぎず，「『弱いロボット』だからできること」という問いに正対していないことに気づかせる。

### ●解決３

再度，問いと構造図を見比べて，答えにつながる段落はどこかを考えるよう促す。❶と❿が有力視されるので関係を整理する。❶「『弱いロボット』は重要な視点を投げかけてくれる」を受け，❿に「重要な視点」が明示されている。つまり，「重要な視点」こそが問いの答えであり，筆者が読者に一番伝えたいこと＝主張だと気づかせていく。

> 「『弱いロボット』だからできること」とは，「弱さ」を受け止め，たがいに関わりながら生きていくことである。（これは，テクノロジーと人間の共存や，人間どうしのつながりにとって大切なことだ）

# 具体と抽象に着目して要旨をとらえる

**授業のポイント**

文章の特徴としてのくり返し表現や記号（「」や『』）の役割と効果から，筆者の主張を読むことを目指す。

## 1 この教材の特性と構造図

本教材は，双括型の文章で，〈はじめ〉と〈終わり〉に「想像力のスイッチ」という言葉がくり返され，三部構成になっている。豊富な事例を挙げて読み手にイメージをもたせる展開になっていて，最初の主張よりも終わりの主張の方が強い表現になっており，主語も読者に絞り込まれている。かぎ括弧や二重かぎ括弧などの記号がたくさん使われており，それらを使い分けることで，文や言葉の役割を区別する工夫がなされているので，要旨の具体を読むときに生かすことのできる教材である。

〈中〉の部分は，想像力のスイッチを入れるための四つの観点が示されている。平成27年度版で四番目に示された『まだ分からないよね。』が，令和2年度版では一番目に改定され，情報を保留することが前提であることを明示してから読者を説得するという形で提示されている。

| はじめ | | | 中 | | | | | | 終わり |
|---|---|---|---|---|---|---|---|---|---|
| ①〜④事例Ⅰ マラソン大会（発信側・メディア） | ⑤事例Ⅱ 図形の見え方（受信側・わたしたち） | ⑥筆者の考え 「想像力のスイッチ」を入れてみることが大切 | ⑦事例Ⅲ サッカーチームの監督就任の報道 | ⑧まず大切なのは・結論を急がないでないかを考える『事実かな、印象かな。』 | ⑨次は、情報を冷静に見直し、事実かそうでないかを考える『まだ分からないよね。』と考える習慣 | ⑩⑪さらに、伝えていないことにも想像力を働かせる『他の見方もないかな。』と想像する | ⑫・何がかくれているのかな。』 | ⑬〜⑭思い込みや推測から生まれること | ⑮〜⑯筆者の考え あなたの努力は、「想像力のスイッチ」を入れることだ。 |

## ②　指導の流れ

### ●思考のズレを生むポイント

　かぎ括弧のついた「想像力のスイッチ」が〈はじめ〉と〈終わり〉にあり，二重かぎ括弧が〈中〉に四つあることから，双括型で筆者の主張が述べられていることや，〈中〉の具体を読めるようにする。また，二重かぎ括弧の順序に着目することを通して，筆者の意図を推測できるようにする。

### ●課題

　「想像力のスイッチ」は何回出てくる？

### ●思考のズレ

　・二回／・三回／・六回

### ●問い

　くり返されている言葉にはどんな違いがあるのだろう。

### ●解決１

　まず，題名にある「想像力のスイッチ」という言葉が何回出てくるか確かめる。本文中には，かぎ括弧のついた「想像力のスイッチ」が二回出てくる。ここで，筆者の主張を見つけ，三部構成に分ける。このとき，〈はじめ〉と〈終わり〉の筆者の主張を比べ，〈はじめ〉と〈終わり〉ではその意味が変化し，〈終わり〉では主体が「あなた」になっていることや文末表現が強いことから，筆者の主張が強くなっていることに気づけるようにする。

### ●解決２

　次に，〈中〉の『　』がついている四つの観点を取り出し，想像力のスイッチの意味を考えていく。「大切」という言葉をキーワードにして，観点の順序に着目しながら表にすることで，それぞれの役割と関係を考える。そして，『　』が想像力のスイッチの具体であることを読んでいく。

### ●解決３

　⑯段落の筆者の主張から，筆者が比べていることをまとめる。筆者が比喩を使って抽象的に言い換えた言葉の具体を抜き出す活動により，想像力のスイッチの指すものを明確にしていく。想像力のスイッチを入れるとは，①『まだ分からないよね。』と結論を急がないこと②冷静に見直し，『事実かな，印象かな。』と考えること③『他の見方もないかな。』と想像すること④伝えていないことにも『何がかくれているかな。』と想像力を働かせることの四つそれぞれのことを指し，かぎ括弧の「想像力のスイッチ」とはその四つすべてを指していることをつかめるようにする。ここから，具体と抽象に着目すると要旨をとらえることができることや，具体と抽象はかぎ括弧等を使って表現されることもあることを理解していく。

「イースター島にはなぜ森林がないのか」（東京書籍）

# 〈はじめ〉〈中〉〈終わり〉はどのように分かれるのだろう？

―― 授業のポイント ――

文章全体の構成をとらえるために，「具体」と「抽象」の関係を手がかりとして読み，筆者の主張を読む。

## 1 この教材の特性と構造図

本教材は，㉖段落の「子孫の悲惨なくらしを想像することができなかったのだろうか」が【話題提示】であり，㉗段落の「しかし，今後の人類の存続は，……」以降が【主張】である。㉗段落の冒頭には「祖先を敬う文化はさまざまな民族に共通であるが，……それほど一般的ではないのかもしれない」とあり，本教材は，㉗段落と㉖段落で構成の柱が成り立ち，①〜㉕段落は，㉖段落の【話題提示】の重要性を裏付けるための役割を担っている。本教材は，序論・本論・結論といった三部構成ではなく，入子型の構成である。㉗段落に「モアイ」「イースター島」といった具体を表す言葉が使われていないことに着目すると，①〜㉖段落が具体，㉗段落が抽象という構成になっていることがわかる。㉗段落の【要旨】が具体によって支えられていることを学ぶことができる教材である。

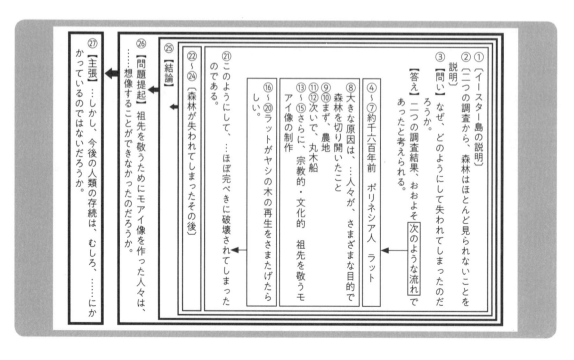

## ②　指導の流れ

### ●思考のズレを生むポイント

　子どもは，今までの経験から，本教材も三部構成に分けることができると無意識に思う。そこから，子どもの認識のズレが顕在化し，子どもは，「何に着目すれば分けることができるだろうか」という方法に着目し始める。

### ●課題

　〈はじめ〉〈中〉〈終わり〉に分けよう。

### ●思考のズレ

・〈はじめ〉①②③　〈中〉④〜⑳　〈終わり〉㉑〜㉗？
・〈はじめ〉①②　　〈中〉④〜㉕　〈終わり〉㉖㉗？
・分けられない？

### ●問い

　何を基準にして考えればはっきりするだろう？

### ●解決１　「問いの文」と「答えの文」を見つける

　〈問いの文〉は③段落「なぜどのように」の文である。〈答えの文〉はその次の「おおよそ<u>次のような</u>」の文である。そこに気づくと，「『次のような』はどこまでを指すのか？」が〈小さな問い〉として生まれる。

### ●解決２　接続詞，指示語に着目する

　㉑段落「このようにして」に着目することで④〜㉑段落までは「次のような」にあたることがわかる。すると「㉒段落は，㉑段落と同じ意味段落に入るか」が次の〈小さな問い〉となる。

### ●解決３　形式段落の役割に着目する

　㉒㉓段落と㉔段落は，㉔段落「深刻な食りょう不足」の〈原因―結果〉の関係になっている。㉕段落の「このイースター島の歴史」の「この」が指すものは①〜㉔段落である。このように考えると，三部構成で分ける場合，①〜㉕は区切ることができない。さらに，㉖段落の「祖先を敬うために」「子孫の悲惨なくらし」の具体はそれ以前に書かれているので，①〜㉕段落は，㉖段落に収束される。つまり，㉖段落の【問題提起】に必然性をもたせるために①〜㉕段落が存在することがわかる。

　これらのことから，学習課題「〈はじめ〉〈中〉〈終わり〉はどのように分かれるのだろう？」に対する答えは，「三部構成には分けられない。」となる。そこから子どもたちは，「筆者はなぜこのような構成にしたのだろうか？」と考え始め，①〜㉕段落が㉖段落をどのくらい支えているのかに着目し，それぞれの意味段落や事例の役割を追究する。㉗段落を【要旨】ということをおさえ，「【要旨】は，具体によって支えられている」ことを実感できるようにする。

# 「時間」と時間って，どう違うの？

┌─ 授業のポイント ━━━━━━
　表記「　」の働きを観点とした思考のズレの解決を図るとともに筆者の主張をとらえていく。

## 1 この教材の特性と構造図

　本教材は，「　」という表記に特色がある。「時間」「時計の時間」「心の時間」がそれである。「　」は，筆者が意味を限定するために使う記号である。それぞれ次のように意味が限定される。「時間」は，「時計の時間」と「心の時間」という性質の違う二つの時間とともに生きるという意味，「時計の時間」は，いつ，どこで，だれが計っても同じように進むということ，「心の時間」は，私たちが体感する時間。一方，「　」の付かない時間は，日常的，感覚的に使用している時間である。この特徴に着目したときに子どもが悩むのが，①段落三文目と②段落一文目である。これらの文は，一つの文の中に，「時間」と時間が使い分けられている。この二文の意味をとらえることができれば，本教材の筆者の意図を読むことができる。

①　そんな身近な存在である「時間」ですが、……。そして、私は、「心の時間」に目を向けることが、……とても重要であると考えています。……性質のちがう二つの時間があり、（略）。

②　「時計の時間」の定義　「心の時間」の定義

③　「その人がそのときに行っていることをどう感じるか」

④　一日の時間帯

⑤　身の回りの環境

⑥　「心の時間」の特性2

⑦　「時計の時間」の役割　「時計の時間」と「心の時間」の間に生じるズレ

⑧　生活の中で「心の時間」にも……。
（略）それを考えに入れて計画を立てられる
（略）たがいを気づかいながら進められる
そんな私たちに必要なのは、……「時間」と付き合うちえなのです。

## ② 指導の流れ

### ●思考のズレを生むポイント

　筆者は，「時計の時間」と「心の時間」どちらを大事だと思っているかを考えさせることで，子どもが，文章構成，「　　」の役割に着目できるようにする。

### ●課題

　筆者は，「時計の時間」と「心の時間」どちらを大事だと思っているだろう？

### ●思考のズレ

・「時計の時間」→だって，⑦段落で「社会を成り立たせている」って書いてあるから。

・「心の時間」→だって，①段落に「『心の時間』に目を向けることが重要」って書いてあるから。

・両方→だって，⑧段落に「『心の時間』を頭に入れて，『時計の時間』を道具として使う」って書いてあるから。

### ●問い

　筆者がどちらを大事だと思っているか，判断できる根拠を探そう。

### ●解決1　「心の時間」の特性はいくつある？

　②段落「さまざまな（略）特性があるのです。」，⑥段落「人によって（略）特性があります。」に着目することで，特性1「②～⑤段落」，特性2「⑥段落」の二つととらえることができる。

### ●解決2　⑦段落の役割は何？

　「時計の時間」がこの段落から出てくることに着目すると，「②～⑥段落は『心の時間』の説明」，「⑦段落は『時計の時間』の説明と，二つの時間の間にズレが起こること」ととらえることができる。

### ●解決3　「時間」と 時間 の違いは何？

　②段落「みなさんが『時間』と聞いて思いうかべるのは，きっと時計が表す時間のことでしょう。」の一文の「時間」を別の言葉や表現に置き換えて表す活動を組む。そこから次のような解釈が生まれる。「私（筆者）が『心の時間』と『時計の時間』の両方の意味を込めて時間と言っても，みなさんが思いうかべるのは，きっと時計が表す時間のことでしょう。」

### ●答え

　これらのことから，筆者は，私たちが「心の時間」のことを思いうかべにくいという前提に立っていることがわかる。「心の時間」を頭に入れることで，よりよく過ごす（計画・気づかい）ことができると述べているので，「時計の時間」を前提にして，「心の時間」を大切に思っていると解釈することができる。

年 「町の幸福論——コミュニティデザインを考える」（東京書籍）

# 文章全体を大きく三つに分けよう

┌─ 授業のポイント ─
　教材の特徴として「具体」と「抽象」という二部構成から，「要旨」を読んでいく方法
を学ぶ授業を目指す。
└

## 1 この教材の特性と構造図

　本教材は，〔具体①〜⑭〕と〔抽象⑮〕の二部構成になっている。〔抽象〕の⑮段落は「要旨」である。筆者は，〔具体〕で「コミュニティデザイン」の必要性について語り，〔抽象〕で読者一人一人に当事者意識をもつように投げ掛けている。次の図は，〔具体〕の筆者の論理である。④段落は，筆者の〈意見〉が成り立つための〈事実〉と〈条件〉を表している。⑤〜⑭段落は，④段落〈条件〉の具体を表している。①②段落を三部構成の〈はじめ〉ととらえることもできそうであるが，②段落の問いの文の答えが③段落にあることを考えると，②段落と③段落は分けてとらえることはできない。①②段落は，③段落の〈裏づけ〉ととらえるのが妥当である。

〔抽象〕

⑮〔要旨〕わたしたち一人一人が，未来の町の姿をえがき，……「町の幸福」が生み出されるにちがいない。

〔具体〕

④段落《条件》の具体

⑤〔問い〕コミュニティデザインでは，どんなことが重要になってくるのだろうか。

⑥〔答えの具体1〕継続的，主体的に取り組んでいく。（⑦事例1　⑧⑨事例2）

⑩〔答えの具体2〕未来のイメージを持つ。（⑪方法　⑫⑬事例3）

⑭〔答えのまとめ〕人々が主体性を持って解決に取り組むとともに，夢を持ってそのコミュニティの未来のイメージをえがくこと。

①②《理由》の〈裏づけ〉
《理由》…物やお金だけでは，町に住む人々の豊かさや幸福にはつながらない（から）。

③《意見》…豊かさや幸福には「コミュニティデザイン」という考え方が重要である。

④《事実》…東日本大震災によって，改めて重視されるようになった地域に住む人々のつながり。

《条件》…日々のコミュニケーション活動から，人々がつながる仕組みを作っていく（のであれば）。

96

## ② 指導の流れ

### ●思考のズレを生むポイント

〔具体〕と〔抽象〕の二部構成の作品を既習の三部構成で分けてみる活動を組むことで，ズレが顕在化する。

### ●課題

文章全体を大きく三つに分けてみよう。

### ●思考のズレ

・A……「①②」「③～⑬」「⑭⑮」
・B……「①～④」「⑤～⑭」「⑮」
・C……三つに分けられない。

### ●問い

どの考え方が正しいのだろう。

### ●解決１　問いの文を探してみよう

問いの文と答えの文はつながりが強いので同じ意味段落を構成する。②段落の問いの文「そんな町で，……できるのだろうか。」の答えは，③段落「物やお金だけでは，……つながらない。」なので，②と③は同じ意味段落に所属する。⑤段落の問いの文「では，そのようなコミュニティデザインでは，……なってくるのだろうか。」の答えは，⑭段落「このように，……から始まる。」なので，⑤～⑭は同じ意味段落に所属する。

### ●解決２　④段落の役割を考えよう

④段落がなくても文章としては，成立する。では，なぜ筆者は④段落を設けたのか。それは，東日本大震災を挙げることで，「地域に住む人々のつながり」が大切であるということを誰もが知っている〈事実〉にするためである。筆者は，その〈事実〉から〈意見〉を述べている。さらに，そこから，「日々のコミュニティ活動から，人々がつながる仕組みを作っていく（のならば）」という〈条件〉を明確化している。前ページの「筆者の論理」の図に当てはめることで，①～④段落の役割が見えてくる。⑤段落の「そのような」は，④段落の最後の一文を指しているので，⑤～⑭段落は，〈条件〉の具体を述べる意味段落であることがわかる。「日々のコミュニティ活動から，人々がつながる仕組みを作っていく」ことの具体は，「継続的」「主体的」「未来のイメージをえがく」活動である。⑤～⑭段落は，筆者の〈意見〉の妥当性が高まる〈条件〉を詳しく述べた段落となる。

⑮段落には，「コミュニティデザイン」という言葉はない。それは，筆者から読者へのメッセージを伝えるという独自の役割をもつからである。

**6** 年　「『鳥獣戯画』を読む」（光村図書）

# 題名を丸ごと使って問いをつくる

┌─ 授業のポイント ─
　三つの筆者の主張から文章全体を俯瞰する構成をとらえ，さらに，主張の関連を考え「要旨」を読むことを目指す。

## 1 この教材の特性と構造図

　本教材には，前半（①〜⑦段落）が解説文，後半（⑧⑨段落）が批評文という傾向がある。本文中には，筆者の主張が三つ述べられている。④段落「『鳥獣戯画』は，漫画だけでなく，アニメの祖でもあるのだ」，⑧段落「十二世紀から今日まで，言葉だけでなく絵の力を使って物語を語るものが，とぎれることなく続いているのは，日本文化の大きな特色なのだ」，⑨段落「『鳥獣戯画』は，だから，国宝であるだけでなく，人類の宝なのだ」がそれである。要旨は，⑨段落である。④⑧段落の主張が⑨段落の要旨とどのようなつながりをもつのかを読むことが単元のねらいとなる。下線部「だから」が指す理由の具体を推論することにより文間，段落間のつながりをとらえることができる。そのために，題名の「読む」に着目し，その意味を考える活動で単元を貫く。

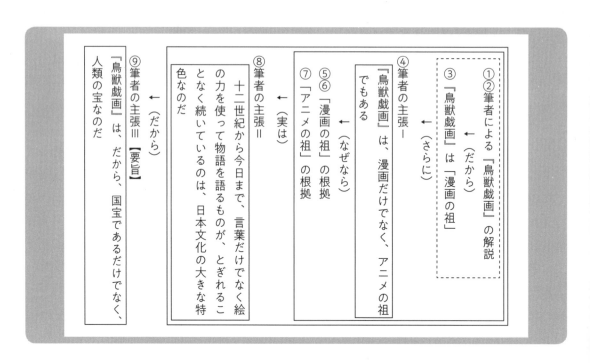

## ⟨2⟩ 指導の流れ

### ●思考のズレを生むポイント

題名をそのまま使って問いの文をつくる。

### ●課題

「『鳥獣戯画』を読む」とは何をすること？

### ●思考のズレ

・音読すること（文字を追うこと）／・見ること（鑑賞すること）

・考えること（作品の価値やそれに関わってきた先人達の思いに触れること）

### ●問い１

筆者の主張を表す文はいくつあるかな？

### ●解決１

「断定」の文末表現に着目し，前後の文のつながりからとらえる。→三つ。（左ページ参照）

### ●問い２

「『鳥獣戯画』は，だから，国宝であるだけでなく」の「だから」の具体は何？

### ●解決２

・⑨段落の文のつながりを読む

「世界を見渡しても……どこにも見つかっていない」

「……祖先たちは……私たちに伝えてくれた」

→だから，人類の宝

・主張と【要旨】とのつながりを読む

⑧「十二世紀から……とぎれることなく続いている……」

④「……アニメの祖でもあるのだ」

→だから，人類の宝

### ●問い３

「『鳥獣戯画』を読む」とは何をすること？

### ●解決３

筆者が言う「人類の宝」を別の言葉で言い換える。

・昔から多くの人たちが大切に受け継いできたもの

・よそにない特有のもの

・何物にもとらわれない自由な心をもっていた人が表現したもの

　このことから，「『鳥獣戯画』を読む」とは，「作品特有の価値をとらえ，それに関わってきた時代を越えた人々の思いを想像すること」と解釈することができる。

「大切な人と深くつながるために」（光村図書）

# くり返しの言葉に着目して筆者の主張をとらえよう

┌─ 授業のポイント ─────────────────────────

　教材の特徴「くり返しの言葉」「くり返しの接続詞」の働きや効果から筆者の主張に迫る読みを目指す。

└──────────────────────────────────

## 1 この教材の特性と構造図

　本教材の筆者の主張は，題名から，「大切な人と深くつながるためにコミュニケーションが得意になりましょう」と読むことができる。ポイントは，くり返しの言葉である。④⑦段落の「大切な人」という言葉のくり返しに着目すると，④段落の「大切な人」は，今「あなた」の周りに実在する人を指し，⑦段落の「大切な人」は，これから出会う「大切な人」を指していることがわかる。①④⑥段落の「でも」のくり返しに着目すると，筆者が人とぶつかるのを避けずにコミュニケーションすることを勧めていることがわかる。さらに，①③⑦段落の「そういうとき」のくり返しに着目すると，コミュニケーションという言葉の意味を深めていることがわかる。そこから，「大切な人」「深くつながる」「コミュニケーションが得意になること」の三つが主張を支える言葉であることが見えてくる。

題名 「大切な人と深くつながるために」

① コミュニケーションに対する話題提示
　そういうとき，人は，……コミュニケーションしようとします。

② コミュニケーションの定義（抽象）
③ コミュニケーションの定義（具体）
　そういうとき，かっとしたり，……とりあえずやっていける解決を見いだせるのが，「コミュニケーションが得意」ということ。

④ コミュニケーションの目的
　コミュニケーションの技術が……あなたは大切な人とつながることができるのです。

⑤ コミュニケーションが得意になるための方法
⑥ コミュニケーションにおける現在の大人社会の実態
⑦ コミュニケーションが得意になる努力の勧め
　そういうときは，……「コミュニケーションの練習をしている」と思ってください。
　そうして，あなたは大切な人と出会い，深くつながっていくのです。

## ２ 指導の流れ

### ●思考のズレを生むポイント

　筆者の主張が明示されていないことから，子どもは，最終段落⑦段落から主張の文を引き抜くことが多い。しかし，一文だけでは，うまく主張を表現できない。

### ●課題

　筆者の主張は何？

### ●思考のズレ

・Ａ　あなたは，大切な人と出会い，深くつながっていく。

・Ｂ　人とぶつかるときは，悲しむのではなく，「コミュニケーションの練習をしている」と
　　思ってほしい。

・Ｃ　「コミュニケーションが得意」になってほしい。

### ●問い

　筆者の主張は，Ａ，Ｂ，Ｃのどれだろう？

### ●解決１　くり返しの接続詞「でも」に着目する

　「△。でも，□」は，△を前提にしてそれに反する□を強調する構文である。「でも」が使われているのは，①，④，⑥段落である。①段落では，「コミュニケーションしようとするとだれかとぶつかる」こと，④段落では，「それでも，大切な人とはコミュニケーションしようとする」こと，⑥段落では，「最近の大人たちは，コミュニケーションが苦手になっている」ことを伝えている。「でも」に着目することで，筆者がぶつかるのを避けずにコミュニケーションすることを勧めていることがわかる。

### ●解決２　くり返しの接続詞「そういうとき」に着目する

　「そういうとき」は，①，③，⑦段落で使われている。①段落では，コミュニケーションの一般的な使われ方，③段落では，コミュニケーションの筆者の定義，⑦段落では，コミュニケーションを続ける心構えを述べている。

### ●解決３　くり返しの言葉「大切な人」に着目する

　「大切な人」は，④，⑦段落に使われている。④段落では，コミュニケーションが上達すれば，今大切な人とつながることができると述べている。⑦段落では，「出会い」という言葉を使うことで，「コミュニケーションが得意」になるように努力し続ければ，未来の「大切な人」と出会えると述べている。

　以上のことから，主張は，ＡＢＣ単独では成り立たないことがわかる。くり返しの効果と題名を活用することで，「大切な人と深くつながるためにコミュニケーションが得意になりましょう」と主張を表現することができる。

年

「プロフェッショナルたち」（東京書籍）

# 三部構成の〈中〉の構成の違いに着目して筆者の工夫をとらえる

┌─ 授業のポイント ─
　文章の特徴である「表現技法」「構成」「相違点」から三人の事例を読み比べて筆者の述べ方の工夫を読む。
└─

## 1 この教材の特性と構造図

　筆者は，読者が仕事の「おく深さ」「だいご味」を考えられるように，様々な工夫をして三人のプロフェッショナルたちを紹介している。三人の話に共通する工夫として，「短い一文」「体言止め」「倒置法」「現在形の文末」「断定」「言い切りの文末」等がある。これらによって，臨場感やリズムが生まれ，一つ一つの事実や考えが強調されている。また，相違点の工夫として，「成功の掴み方の違い」を挙げることができる。「出来事をきっかけに自身が変容することで掴んだ成功」「元々持っていた自身の発想を課題に直面した時も持ち続けることで掴んだ成功」「自身のこだわりを追究し続けることで掴んだ成功」この違いは，それぞれの話のどこに「発想」の段落が位置付くかという構成の違いからとらえることができる。ここでは，本教材を筆者の述べ方の工夫を見つける教材として位置付けた授業を提案する。

（構造図）

| 【海獣医師勝俣】 | 【板金職人国村】 | 【パティシエ杉野】 |
|---|---|---|
| ①現在の勝俣の説明と評価 | ①〜④現在の国村の説明と評価 | ①②現在の杉野の説明と評価 |
| ②職に就くきっかけ | ⑤⑥職に就くきっかけ | ③職に就くきっかけ |
| ③当時の苦労 | ⑦国村の悩み | ④⑤⑥杉野のこだわりと苦しさ |
| ④カレンの説明 | ⑧国村の発想 | ⑦⑧発見（出来事） |
| ⑤勝俣の迷い | ⑨掴んだ成功 | ⑨杉野の発想 |
| ⑥勝俣の変容（出来事1・出来事2） | 発想の継続から掴んだ成功 | ⑩掴んだ成功 |
| ⑦掴んだ成功 | ⑩現在の国村の説明と評価 | こだわりの追究から掴んだ成功 |
| 変容から掴んだ成功 | 【国村の考えるプロフェッショナル】 | ⑪現在の杉野の説明と評価 |
| ⑧勝俣の発想 | | 【杉野の考えるプロフェッショナル】 |
| 【勝俣の考えるプロフェッショナル】 | | |

どのような発想で，斬新な仕事を切り開いているのか。
……どんな試行錯誤を経て成功をつかんだのか。
今の時代をどのように見つめ，次に進んでいこうとしているのか。……を考えてみたい。

102

## ② 指導の流れ

### ●思考のズレを生むポイント

　三人のプロフェッショナルたちは，困難を乗り越えて成功を掴むことは同じであるが，困難の乗り越え方が異なる。

### ●課題

　筆者が，読者に仕事の「おく深さ」と「だいご味」を考えてもらうためにした工夫は何？

### ●思考のズレ

・体言止め，倒置法等の多用

・三つの職種のプロフェッショナルを紹介している

・三つとも同じような文章構成で述べている

・そうかなあ，三つの話の文章構成は違うんじゃない？

### ●問い

　三つの話の文章構成は同じか？　違うか？

### ●解決１　三つの話をそれぞれ，三部構成に分けてみよう

【共通点】・〈はじめ〉に「現在のプロフェッショナルの説明と評価」「この職についたきっかけ」が書かれている。

　　　　　・〈終わり〉が「○○が考えるプロフェッショナルとは」になっている。

【相違点】・〈中〉の構成が違う。特に，「発想」の位置が違う。

### ●解決２　「発想」の位置の違いはなぜ生まれたのだろう。その理由を三人の成功の掴み方の違いに着目してとらえよう

【海獣医師，勝俣悦子】

　（出来事２）の課題を解決するために，（出来事１）の経験をきっかけとして，自身の考え方を変容させた。そこから勝俣の「発想」が生まれたので，「発想」が〈中〉の終わりに来る。

【板金職人，国村次郎】

　課題に直面する前から持ち続けた「『できない』と言わない」という「発想」を，課題に直面した時にも貫き続けて課題を解決した。よって，「発想」が〈中〉の初めに来る。

【パティシエ，杉野英実】

　「自分を高めたい」という杉野のこだわりから（出来事）が生まれ，（出来事）の経験を通して，杉野の「発想」が生まれた。生まれた「発想」を基に自身のこだわりを追究し続けているので，「発想」が〈中〉の真ん中に来る。

### ●答え　〈はじめ〉〈終わり〉は同じだが，〈中〉の構成は違う

　筆者は三様の「発想」の生まれ方を述べ，仕事の「おく深さ」と「だいご味」を伝えている。

「今，あなたに考えてほしいこと」（光村図書）

# 意味段落のつながりから【根拠】【理由】【主張】の関係をとらえて要約しよう

┌─ 授業のポイント ─

　接続詞の多用という教材の特徴から文章構成をとらえ，筆者の主張を読み，要約文を書くことを目指す。

└─────────

## 1 この教材の特性と構造図

　本教材は，接続詞を多用し，論理的に論を進めている。文章構成は，①〜⑨の「事実」と，⑩〜⑭の「提案」の二部に分けられる。①〜⑧で接続詞「ですから」を効果的に使い，事実とその理由を述べ，⑨で人間のすべきことを明確化している。「ですから」が前半にしか存在しないことから，後半は前半と異なる役割をもつことがわかる。⑩⑪で「思いやり」，⑫⑬で「想像力」について触れ，⑭で「今，あなたに考えてほしいこと」をまとめている。筆者は，人間も「④生き物全体がうまく生きている」ように他の生き物の役に立つように生きるべきだという前提に立っているが，それは明確には述べられていない。そこを補って読むことで，筆者の主張の理由が位置付けられる。ここでは，要約文を書く活動を通して，意味段落のつながりから【根拠】【理由】【主張】の関係をとらえることを目標とする。

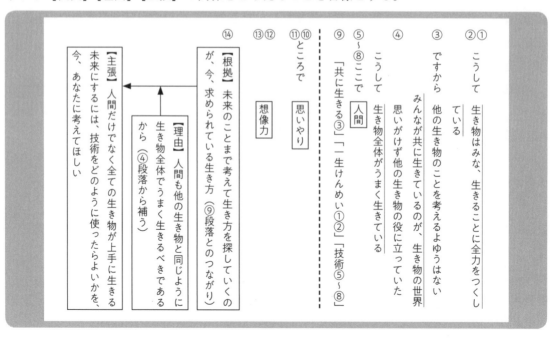

## ② 指導の流れ

### ●思考のズレを生むポイント

④段落の事例から導かれる「こうして生き物全体がうまく生きている」の役割が明確でない。

### ●課題

文章全体を200字以内で要約しよう。

### ●思考のズレ

・主張がどれかがわからない。／・①～⑨段落をどのように使うかがわからない。

### ●問い

要約するために，文章構成をとらえよう。

### ●解決1　文章を大きく二つに分けよう

・⑩段落の「ところで」は，話題を変える接続詞だから，①～⑨と⑩～⑭に分かれる。

### ●解決2　「ですから」はどこにある?

・「ですから」は，前半に二回出てきて，後半には使われていない。「ですから」は結果を述べる接続詞だから，前半は事実を示し，後半は筆者の考えを述べている。

### ●解決3　前半を意味段落に分けよう

⑤～⑧　（人間も）一生けんめい生きることが大切

⑨一・二文目【理由】…③とのつながり

　三文目前半【根拠】…①②，⑤～⑧とのつながり　後半【主張】…技術の使用について

→⑨段落に④段落を除くすべての意味段落の要点が述べられている。④段落が⑨段落とつながらないのはなぜか?

### ●解決4　後半の【根拠】【理由】【主張】をとらえよう（構成図参照）

⑭【主張】「技術をどのように使ったらよいだろう」と考えてほしい。…⑩～⑬とのつながり

　　【理由】（人間も他の動物と同じように…④段落）

　　【根拠】未来のことまで考えて生き方を探していくのが，今，求められている生き方…⑨段落とのつながり

④段落は，⑬段落一文目とのつながりもあるが，筆者の主張の理由として位置付けられている。それを要約文に入れることで，すべての意味段落の要点を取り入れた要約文を書ける。

> 　筆者は，未来のことまで考えて生き方を探していくのが，今，求められるべき生き方であるという前提に立ち，人間だけでなく全ての生き物が上手に生きる未来にするには，技術をどのように使ったらよいかについて考えてほしいと訴えている。そのために，人間特有の「思いやり」と「想像力」を取り上げ，他の生き物たちが全体でうまく生きているように，人間も他の生き物たちの役に立つように生きるべきだと主張している。

6年 「君たちに伝えたいこと」（東京書籍）

# くり返しの句に着目して筆者の主張の理由を推論する

┏━ 授業のポイント ━

　文章の特徴「接続詞やくり返しの句」の働きから，文章構成をとらえて筆者の主張に迫る読みを目指す。

## 1 この教材の特性と構造図

　本教材は，接続詞「さて」に着目することで，①〜⑰，⑱〜㉒，㉓の三つに分けることができる。しかし，⑱〜㉒は，「⑧君が君らしく生き生きと過ごせば」の条件を補う役割を担っているので，「⑰自分の時間をほかの人のために使うことをすすめる」という主張を支える意味段落となる。そうとらえると，本教材の文章構成は，①〜㉒，㉓の二部構成となる。「㉓君が生まれて……同じときを生きていけるということは，……うれしいこと，……すばらしいこと，……すてきなこと」という主張に対する根拠が，①〜㉒である。しかし，筆者がそう主張する理由は書かれていない。それを想像する手がかりが，くり返しの句（下記の◇◆□■）である。そこから，「筆者は，同じときを生きている君のために時間を使いこの文章を書き，命をふきこまれたように時間を生かすことができたから」という理由が見えてくる。

┌─────────────────────────────────────────┐
│②さて，…君に「寿命」の話をすることにしましょう。 │
│③「寿命」とは何かな。…生きることについやすことのできる「時間」です。 │
│④〜⑤「寿命」の定義　⑥〜⑧「時間」の定義 │
│◆その時間の質，つまり、時間の中身が… │
│◆時間の中身、つまり時間の質が… │
│◇君が君らしく、生き生きと過ごせば、その時間は，…生きてくるのです。 │
│⑨〜⑪（私の寿命と言う時間の使い方） │
│◇なぜなら、…時間は一番生きてくるからです。 │
│⑫〜⑰（自分の時間をほかの人のために使う理由） │
│⑱さて，…そこに君が命を注いで時間を生かす…□忘れないでいてほしいことがあります。 │
│⑲〜㉑（君と「君」を使い分けることで㉒の理解を深める役割） │
│㉒だから、…□それは本当に素晴らしいこと…すてきなこと…。 │
│でも、…□忘れないでいてほしいことがあります。 │
│⑳でも、…□忘れないでいてほしいことがあります。 │
│㉑（君と「君」を使い分けることで㉒の理解を深める役割） │
│㉒だから、■つらいときや悲しいときの自分も大切にしなければなりません。…□どんなときの自分もだいじにすること…だから、□決して忘れないでください │
│㉓君が…今ここに、こうして同じときを生きていけるということは、とてもうれしいことであり、一つの奇跡のように素晴らしいこと…それは本当にすてきなこと…。 │
└─────────────────────────────────────────┘

## ②) 指導の流れ

### ●思考のズレを生むポイント

筆者の主張「同じときを生きていけることは，うれしい，すばらしい，すてきなこと」の理由が明記されていない。

### ●課題

「同じときを生きていける」ってどんなことですか。

### ●思考のズレ

・対話を楽しむことができるということ。

・「伝えたいこと」を伝えることができるということ。

### ●問い

「君たちに伝えたいこと」はいくつ，どのように書かれているか。

### ●解決1　接続詞「さて」に着目する

②段落の「さて」以降は寿命の話。⑱段落の「さて」以降は「忘れないでいてほしいこと」の話。だから，伝えたいことは二つ。

→「同じときを生きていける」とはどんなことかは，①〜㉒の中に書かれているのではないか。

### ●解決2　「　」を付けた意味は何かを考える

・「寿命」「時間」は，筆者が自分なりの言葉の意味をこれから定義するという役割を意味する。

　　「寿命」…大きな空っぽのうつわの中に精いっぱい生きた一瞬一瞬をつめこんでいくもの

　　「時間」…君が君らしくいきいきと過ごせば，命をふきこまれたように生きてくるもの

・君がその時々の状態の自分を表すのに対して，「君」は，つらいときや悲しいときの自分も含めた全体としての自分を表す。言葉の意味の使い分けの役割を意味する。

### ●解決3　くり返しの句に着目して，①〜㉒段落を要約する

　◆時間の中身，時間の質　◇時間は生きてくる（時間を生かす）

　□忘れないでいてほしい（■どんなときの自分もだいじにすることを）

→筆者は，ほかの人のために時間を使うことは，自分の寿命の時間を生かすことになるから，君にもそうして欲しいとすすめている。そのために，どんなときの自分も自分としてだいじにすることが大切であると教えている。

### ●答え

この文章を書くということは，筆者にとって，今の十二歳の子供たちのために，自分の時間を使うということである。「同じときを生きていける」ということは，その人のために自分の時間を使うことで自分の寿命という時間を生かすことができるということになる。筆者はそれを，「うれしい，すばらしい，すてきな」ことであると感じている。

# 筆者の主張（要旨）と事例の関係をとらえ要約する

**― 授業のポイント ―**
「話題提示〜事例〜主張」という尾括型の文章構成から，筆者の主張と事例の関係を考えて文章全体を200字の要約文を書くことを目指す。

## 1 この教材の特性と構造図

　6年生最後の説明文教材となる「メディアと人間社会」は，セット教材となる「大切な人と深くつながるために」の二つの文章から，これからの社会をどのように生きて行くかを子どもたちに考えさせることをねらいとしている単元である。それぞれの文章から読み取った筆者の主張をもとに，「よりよく生きるには？」というテーマについて考えをもてるようにすることを目指したい。

　文章の構成は，「話題提示―事例―主張」の尾括型である。主張にあたる❻段落を中心とした読みから，四つの事例の関係をとらえさせたい。そこで，要約文にまとめる活動を通した読み取りから，筆者が本論で挙げている事例（文字・ラジオ・テレビ・インターネット）が，主張とどのような関係になっているか，また，事例（各メディアの長所と短所）が筆者のどの主張の支えになり説得力を高めているかを考えさせることをねらいとしたい。

| 結論 | 本論 | | | | 序論 |
|---|---|---|---|---|---|
| 主張 | 事例④ | 事例③ | 事例② | 事例① | 話題提示 |
| ❻ | ❺ | ❹ | ❸ | ❷ | ❶ |
| 私たち人間がどんなことを求めているのかを意識し，メディアと付き合っていくことが重要ではないでしょうか。 | 長所…ふつうの人々が手軽に情報発信できる。社会や個人情報も伝えられる。　　だれもが情報を広く発信できる「インターネット」　　短所…誤った内容も簡単に広まり，社会が混乱することも起こっている。 | 長所…ありありと伝え，理解したい人々の思いに応える。　　説明いらずに映像で伝える「テレビ」放送　　短所…放送されたものが動きようのない事実だと受け取られる。社会に対する影響大。 | 長所…多くの人に広く同時に情報を伝えることができるようになった。　　電波を使って早く情報を伝える「ラジオ」放送　　短所…メディアが社会を混乱させてしまうほどのえいきょう力をもった。 | 長所…時間や空間をこえて情報を伝えることができる。　　情報を伝える手段としての「文字」　　短所…書いたものを人が持って移動するため伝えるのに時間がかかる。 | さまざまなメディアを使って高度な情報伝達を行う人間　　「思いや考えを伝え合いたい」「社会を知りたい」欲求がメディアを発達させ、高度な情報化社会を作った |

## 2 指導の流れ

### ●思考のズレを生むポイント

　子どもたちは尾括型の文章構成から❻段落に主張があることをとらえることはできるが，要約文にまとめるとなると，事例をどのようにまとめるとよいのかでズレが生じる。この解決のためには四つの事例が主張とどのような関係になっているかをとらえることがポイントになる。

### ●課題

　文章全体を200字以内で要約しよう。

### ●思考のズレ

・事例は必要ない。／・❻段落の主張をまとめればよい。／・どうすればいいかわからない？

### ●問い

　筆者の主張と四つの事例の関連はどうなっている？

### ●解決1

　本文全体を三つに分け文章の構成をつかむ。❶段落─話題提示，❷～❺段落─事例，❻段落─主張という「尾括型」である。

### ●解決2

　❷段落から❺段落までの事例には，それぞれのメディアの長所と短所が書かれていることが読める。この長所は，私たち人間の欲求をかなえたメディアの成果である。一方，短所は，発達させたメディアが人間社会にもたらした課題であり新しいメディアの発達へ求めること，または，私たち人間が意識することだと読み，❻段落の主張と結び付けて読む。

| 人間の欲求→メディア→課題 |
| --- |
| ❷時間や空間をこえて情報を伝えたい　→言　葉→時間がかかる |
| ❸広く同時に早く情報を伝えたい　　　→ラジオ→社会を混乱させる影響力 |
| ❹映し出された瞬間にありありと伝える→テレビ→事実だと受け取られる |
| ❺だれもが手軽に情報発信ができる　　→インターネット→誤りやウソによる混乱 |
| ❻「思いや考えを伝え合いたい。」　　　　⇕<br>「社会がどうなっているのかを知りたい。」→発達・進化→大量の情報に囲まれる |

### ●解決3

　主張と事例のつながりをとらえることができたことで，要約文を書くことができる。

> 　メディアは，「思いや考えを伝えたい。」「社会がどうなっているのかを知りたい。」という人間の欲求をかなえながら発達してきた。筆者は，この進化の過程を受けながら，今後も，私たち人間がさらにどんな欲求をもち，そして，その結果メディアにどんなことを求めているのかを意識して，メディアと付き合っていくことが大切だと主張している。

**年** 「インターネットの投稿を読み比べよう」（東京書籍）

# 投稿者の変容から議論の技法を学ぶ

┌─ **授業のポイント** ────────────────────────
　複数の投稿文を読み比べることを通して「誰が一番変容したのか？」を考察することで「議論の技術」を学ぶことを目指す。

## 1 この教材の特性と構造図

　本教材は，議論の技法を学ぶのに適した教材である。議論では，参加者一人一人が「問い」をとらえ，「問い」に対する「結論」を出す。「問い」と「結論」の間には，「主張」が入る。発話者は，「主張」の妥当性を高めるために，「事実」「理由」「理由の裏づけ」を示し結び付け，「対立する主張」に対して「反駁」する。本単元は，このような議論の技法を学ぶことを目標とする。本教材の投稿文は，一文一文がいずれかの役割を担っているので，文の役割をとらえることで議論の技法を学ぶことができる。議論は，二項対立の場合，どちらかに収束して終わることは少ない。収束には，「アウフヘーベン」という考え方が必要になる。例えば，「サッカーをするか，野球をするか」という話し合いが収束しないときに，「キックベースにしよう」と両者が納得できる考え方を生み出すことを「アウフヘーベン」という。

※紙面の都合上，議論においてアウフヘーベンの提案をする役割を担った〈投稿読者10Fさん〉の構成図のみを示す。

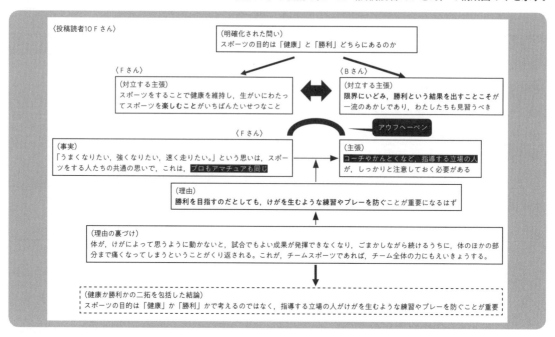

## ❷ 指導の流れ

### ●思考のズレを生むポイント

11の投稿文は，〈投稿5〉でEさんが「問い」を明確化した後，〈投稿10〉でFさんがアウフヘーベンして両者が納得する「結論」を提示する。それに共感したのが，〈投稿11〉のCさんである。〈投稿10〉と〈投稿11〉は同じ立場にあるが，述べ方が大きく異なる。

### ●課題

一番大きく変容した人は誰？

### ●思考のズレ

・Fさん

・Cさん

### ●問い

FさんとCさん，どちらの方が大きく変容しているか。

### ●解決1　11の投稿は，それぞれ誰の主張に対して意見を述べているかを考える

・「Bさんは，Aさんに対して，『勝つこと』『体への負担』をテーマに反論している」等と整理し，対立する主張は，必ず共通する言葉をもっていることをおさえる。

・〈投稿1〉〈投稿5の後半〉〈投稿6〉〈投稿10〉〈投稿11〉には対立する主張がない。

### ●解決2　〈投稿10〉と〈投稿11〉の異同をまとめる

【共通点】　スポーツの目的は，「健康」と「勝利」のどちらかという二項対立の考えではなく，両方大切だという考えをもっている。

【相違点】　〈投稿10〉は，「プロとアマの共通点」「監督やコーチ」といった新たな切り口を提示しているが，〈投稿11〉には，それがない。

### ●解決3　〈投稿10〉の文をそれぞれ「問い」「結論」「主張」「事実」「理由」「理由の裏づけ」の役割に分けよう

　→（※左ページ下段参照）

### ●答え

Fさんの方が，新たな観点から「問い」に向き合っているので，Fさんの方が大きく変容している。

（参考文献）松下佳代『対話型論証による学びのデザイン―学校で身につけてほしいたった一つのこと』勁草書房2021

# 3章

章

文学教材の
「考える国語」の授業づくり

# 「おおきな　かぶ」（光村図書）

# 登場人物は，何人でしょう

**授業のポイント**
登場人物を問うことで思考のズレを生み，「いぬ・ねこ・ねずみ」も登場人物となる定義を学習させる。

## 1 この教材の特性と構造図

この教材の特性は，「①くり返し　②登場人物　③順序」の三つである。

まず，この教材「おおきな　かぶ」は，多くの子どもが，入学前にも読んだことや観たことがあるお話であり，「うんとこしょ，どっこいしょ。」のくり返しによる展開のおもしろさとリズムの楽しさは，音読教材として効果的だといえる。

次に，主観的な読みである「読書」から，客観的な読みである「読み取り」への，はじめての教材である。そこで，物語に出てくる「いぬ，ねこ，ねずみ」が，作品の中で人のように話したり，動いたり，自分の意志で行動する人物（動物を含む）であり「登場人物」ということをとらえたい。その上で，誰が誰をひっぱっているのかという順序に着目することで，登場人物の中の誰が中心に話が展開する物語なのかがわかる構造になっている。

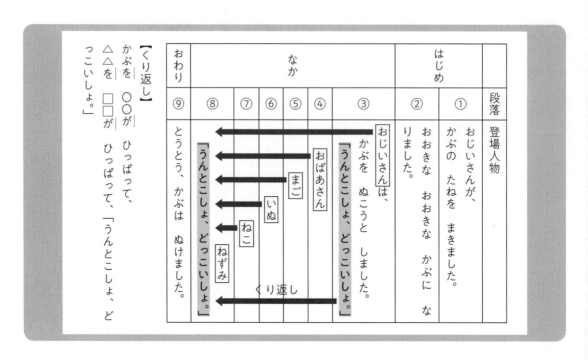

| 段落 | ① | ② | ③ | ④ | ⑤ | ⑥ | ⑦ | ⑧ | ⑨ |
|---|---|---|---|---|---|---|---|---|---|
| | はじめ | | なか | | | | | | おわり |
| 登場人物 | おじいさんが、かぶの たねを まきました。 | おおきな おおきな かぶに なりました。 | おじいさんは、かぶを ぬこうと しました。「うんとこしょ、どっこいしょ。」 | おばあさん | まご | いぬ | ねこ | ねずみ 「うんとこしょ、どっこいしょ。」 | とうとう、かぶは ぬけました。 |

【くり返し】
かぶを ○○が ひっぱって、△△を □□が ひっぱって、「うんとこしょ、どっこいしょ。」

## ❷ 指導の流れ

●**思考のズレを生むポイント**

　この教材は，小学生で最初に学習する文学作品となる。そこで，「登場人物は，何人なのだろう」という課題から授業を始めたい。自分と友だちとのズレを解決するために「登場人物の定義」をとらえ，「登場する順序」の読みを通して，人物の関係性や「くり返し」の効果を読み取ることをねらいとしたい。

●**課題**

　登場人物は，何人なのでしょう。

●**思考のズレ**

①七人
②六人
③三人
④一人

・おじいさん・おばあさん・まご
　→「人間は，登場人物だよ」
・いぬ・ねこ・ねずみ
　→「人間みたいだから，登場人物だよ」
・かぶ→「題名だから一番大事」

●**問い**

・誰が，登場人物なの。／・どんな順番に登場してくるの。

●**解決1**

　「登場人物は何人だろう」の課題に対して，子ども達は，①七人②六人③三人④一人など，「おじいさん・おばあさん・まご・いぬ・ねこ・ねずみ」と「かぶ」のどれを選択するかによって，ズレが生じる。そこから，まず，「登場人物は，作品の中で人のように話したり，動いたり，自分の意志で行動する動物を含む人物のこと」という定義をおさえたい。

●**解決2**

　次に，「どんな順番に登場するのか」という問いを解決する。これは，登場人物の関係を読み取ることが目的である。ここでは，登場人物を図で表したり，人物関係を大きさで表したりする板書の工夫が大切になる。そうすることで，「はじめ」から「おわり」まで，ずっと，おじいさんが描かれていることや，順番の「くり返し」にも気づく。

●**解決3**

　最後に，「あまい　あまい　かぶになれ。」や「うんとこしょ，どっこいしょ。」は誰の話した言葉で，最後の「とうとう」は，誰の気持ちだったのかを解決する。すると，おじいさんの気持ちがえがかれていることがわかる。また，台詞のくり返しによって，なかなか抜けないかぶの大きさや，「とうとう」抜けたときの嬉しさが強調される「くり返し」の効果もとらえさせたい。

# 誰が話した言葉でしょう

> ┏━ 授業のポイント ━
> 　人物の会話を根拠として登場人物をとらえて，人物の変容を読んでいくための「問い」となっている。

## 1 この教材の特性と構造図

　この教材の特性は，「①登場人物　②会話文」の二つである。

　まず，「おおきな　かぶ」で，子どもは「登場人物」の定義を学習した。そこで，この教材でも「登場人物」を正しくとらえる。その上で，「会話文」に着目して，「誰の話した言葉なのか？」を読み取る。会話文をとらえることで，登場人物の関係やどんな出来事が起こったのかを読み取ることができる。そして，題名にもある「やくそく」とは，誰にとってのどんな約束なのかを読み取ることができる物語の構造になっている。

　また，会話文が特性の教材なので，ぜひ，子どもたちの音読にも力を入れた学習展開を計画したい。まず，一人読みを行い，範読，読みの学習を通して，登場人物ごとに会話文を音読する分担読みなどに発展させていくとよい。

| 段落 | はじめ ① | なか ② | ③ | ④ | ⑤ | ⑥ | おわり ⑦ |
|---|---|---|---|---|---|---|---|
| 登場人物　出来事　会話文 | おおきな木の はを たべる あおむし。ちょうに かわる ひを まっている。 | じぶんと そっくりな あおむしと出会う。あおむし①「だめ だめ。ぼくの木。」あおむし②「この木は、わたしの木。」あおむしたちは おおげんか。あおむし①「ぼくのだぞ。」あおむし②「わたしの。」 | あおむし③「わたしの。」あおむし②「わたしの。」あおむし①「ぼくのだ。」そんな こと しる もの か。 | おおきな 木が いいました。おおきな木「そとの せかいを みて ごらん。」 | あおむしたちが のぼっていく。あおむし①「ぼくら、こんなに ひろい ところに いたんだね。」あおむし②「そらも、こんなに ひろいんだね。」 | さんびきの あおむしは、やくそくを しました。あおむし①「なんだろう。」あおむし③「きれいだね。ちょうに かわったら…。」あおむし①「わたしも、あそこまで とんでみたい。」あおむし③「それなら、みんなで いこう。」 | 木の はが、そよいでいます。 |

## ②　指導の流れ

### ●思考のズレを生むポイント

　この教材は，「会話文」のつながりで物語が展開している。そこで，「誰が話した言葉でしょう」という課題を中心に授業を行いたい。自分と友だちとのズレを解決するために「登場人物」をとらえ，「会話文」の内容の読みを通して，人物の関係性や「やくそく」の内容を読む取ることをねらいとしたい。

### ●課題

　誰が話した言葉でしょう。

### ●思考のズレ

　・あおむし？
　・おおきな木？
　・どのあおむし？
　・どんな話をしているの？

### ●問い

・誰が，登場人物なの。
・どんなことを話しているの。
・どんな約束をしたの。

### ●解決１

　「誰が話している言葉でしょう」と十一の会話文を短冊に書き出し提示する。この課題に対して，子どもたちは，「①あおむし②二番目のあおむし③三番目のあおむし④おおきな木」のどれを選択するかによって，ズレが生じる。そこから，まず，「登場人物」の定義をおさえ直し，「あおむしたちとおおきな木」の物語であることを確認する。

### ●解決２

　次に，「どんなことを話しているのか」という問いを解決する。これは，登場人物の設定と関係の読み取りを通して，会話文の内容を丁寧に読み取ることが目的である。会話文なので，一つ一つの文の内容がつながっていることもとらえさせたい。

### ●解決３

　最後に，おおげんかをしていた三匹のあおむしたちが，おおきな木のアドバイスから，何をして，何を観て，何を感じたのか？　を会話文を中心にとらえる。そして，題名にもなっている「やくそく」とは，三匹のどんな約束だったのかを読み取らせたい。

　また，あおむしたちの清々しさが強調されている「木の　はが，さらさら　そよいで　います。」という物語の最後の一文の効果もとらえさせたい。

「くじらぐも」（光村図書）

# 誰の話した言葉か考えて，声に出して読んでみよう

┌─ 授業のポイント ─
　教材の特徴「場面構成」と技法「くり返し」を手がかりとして，人物の会話内容を読ませる授業を目指す。

## 1 この教材の特性と構造図

　教材「くじらぐも」は，子どもたちが楽しみながら音読できる教材である。そのため，「場面」と「くり返し」の二つの特性をとらえることが大切になる。

　まず，「場面」は，場所に着目すると「校庭→空→校庭」の三つの場面分けとなる。この場面分けによって，登場人物と出来事をとらえることができる。

　次に，「くり返し」は，子どもたちを真似するくじらぐも，その後，「おうい。」と会話の掛け合いがくり返される。親近感をもたらす「くり返し」の効果を読み取り，音読へとつなげていく学習としたい。

　くじらぐもに乗って空の旅にでかけるストーリーは，登場人物に寄り添った子どもたちの読み取りが期待できる。そして会話文が豊富な教材なので，１年生らしい登場人物に感情移入した音読が楽しめるような授業展開を工夫したい。

| おわり 校庭 | なか 空の上 | はじめ 校庭 | |
|---|---|---|---|
| 「さようなら。」<br>みんなが 手を ふった | みんなは、うたを うたいました。 | 「一、二、三、四。」<br>かけあしでまわる<br>とまれのあいず<br>「まわれ、みぎ。」<br>「あの　くじらは…。」<br>「おうい。」<br>「ここへ　おいでよう。」<br>「よし　きた。…」<br>「天まで　とどけ…。」<br>「天まで　とどけ…。」<br>「天まで　とどけ…。」 | 子どもたち |
| 「さようなら。」<br>青い 空の なかへ<br>かえって いきました。 | 「さあ、およぐぞ。」<br>うみの ほうへ、<br>むらの ほうへ、<br>まちの ほうへ。<br>「では、かえろう。」 | くじらも　たいそう<br>空をまわる<br>くじらも　とまる<br>くじらも　まわれみぎ<br>「おうい。」<br>「ここへ　おいでよう。」<br>「もっと　たかく…。」<br>「もっと　たかく…。」 | くじらぐも |

## ② 指導の流れ

### ●思考のズレを生むポイント

　この教材は，場所と出来事をとらえることで場面分けができる。そこで，「お話を三つに分けてみよう」という問いから授業を行い，まず，全体をとらえる。そして，くり返しの表現に着目しながら，「誰が，誰に話した言葉でしょう」という課題を中心に授業を行いたい。同じ言葉の会話がくり返されているので，「誰が誰に話しているのか」と，登場人物の「位置関係」とを合わせて正しく読み取るようにしたい。

### ●課題

　誰が誰に話した言葉でしょうか。

### ●思考のズレ

・子どもたちが，くじらぐもに話しかけている。

・くじらぐもが，子どもたちに話しかけている。

・先生が，子どもたちに話しかけている。

・先生が，くじらぐもに話しかけている。

### ●問い

・どこにいるのか考えながら，お話を三つに分けてみよう。

・誰が話している言葉かな。

・誰に話しかけているの。

### ●解決1

　まず，「お話を三つに分けてみよう。」という問いで文章の全体をとらえさせたい。場所に着目することで，「校庭→空→校庭」と三つに分かれていることが読み取れる。また，課題解決のヒントになるので，「くじらぐもとの出会い→くじらぐもに乗って空の旅→くじらぐもとの別れ」という出来事の順序もとらえておきたい。

### ●解決2

　次に，「誰が話している言葉かな」という問いを解決する。同じ会話文のくり返しにより，誰が話している言葉なのかが曖昧になってしまう傾向がある。解決1でとらえた「場所と出来事」を関連付けながら会話文に注目することで解決することができる。

### ●解決3

　解決2との関連から，「誰に話しかけているのか」を整理していく。例えば，校庭にいる子どもたちが，空のくじらぐもに話しかけていることが読み取れれば，子どもたちの音読表現も読み取ったことを根拠にして変化していくことが期待できる。子どもたちが，実際に校庭から空の雲にむかって音読を楽しむような授業になることを目指したい。

# 「会話文」に注目して「登場人物」の定義を考える

**授業のポイント**

「会話文」の内容とその役割を読んでいくことによって，「登場人物」の定義を習得することを目指す。

## 1 この教材の特性と構造図

　この教材の特性は，まず「会話文」である。おばあちゃんからの手紙が届き，「にいさんねずみ，ねえさんねずみ，チロ」の三人の会話から物語がはじまる。しかし，「チロのはないよ。」「そうよ。…。」の一言が，チロの心配をあおる。1年生の子どもは，「チロはどうなっちゃうんだろう」と真剣に心配しだす。家を飛び出し，木のてっぺんから叫ぶチロを応援する子どもが多い。それだけ「会話文」の効果が大きい教材なので，音読表現に挑戦させたくなる。

　特性の二つ目は「登場人物」である。「にいさん，ねえさん，チロ」の三人は，会話も気持ちの変化も読み取れることから「登場人物」として認識しやすい。問題は，手紙の差出人であり，チョッキを編んでくれた「おばあちゃん」である。この重要な役割を担っている「おばあちゃん」を通して，「登場人物」の定義をとらえていく学習が有効である。

| おわり（感謝） | なか（木てっぺん↔お願い） | はじめ（手紙↔心配） |
|---|---|---|
| チ「あ、り、が、と、う。」<br>？「ありがとう。」<br>チ「おばあちゃあん…チョッキ、ありがとう。」 | チ「あ、しましまだ…。」<br>チ「おばあちゃあん……。」<br>チ「おばあちゃん、…。」？　↑だれの声だろう？<br>チ「…こえがとんでった…。」<br>チ「ぼくにも…あんでね。」？「あんでね。」<br>チ「ぼくは、チロ…。」<br>チ「そうだ、いいこと…。」 | チ「そうだったら…。」<br>チ「そんなことないよ。…。」<br>ね「そうよ。…。」<br>に「チロのはないよ。」<br>チ「ぼくは赤と青。」　おばあちゃんの台詞は？<br>ね「わたしは青…。」<br>に「ぼくは赤…。」　「会話文」 |

## ② 指導の流れ

### ●思考のズレを生むポイント

　この教材は，「会話文」から「登場人物の定義」をとらえることが大切である。そこで，「登場人物は誰ですか」という課題から学習をはじめる。会話文がある登場人物は三人。物語で重要な役割を担っているが会話文がない「おばあちゃん」は登場人物なのか？　という問いが生じる。そして，この問いを，アニマシオンゲームや劇作りの活動を通して，解決しながら「登場人物の定義」をとらえさせていきたい。

### ●課題

　この物語の登場人物は誰ですか。

### ●思考のズレ

・おとうとねずみチロ／・にいさんねずみ／・ねえさんねずみ

・おばあちゃんねずみ→台詞がないよ。

### ●問い

・おばあちゃんは，登場人物なのかな？

・このカードは誰の言葉かな。どんな順番かな。

・おばあちゃんの台詞がない。どうしてだろう？

・登場人物って何だろう？

### ●解決１

　まず，アニマシオンゲームを行う。会話文をカード化し，「誰の言葉かな？」「どんな順番かな？」という問いで文章の全体をとらえさせたい。すると，おばあちゃんには，台詞がないことに気がつく。また，ここでの学習では，「やまびこ」をとらえることも必要になる。

### ●解決２

　「お話の劇をしたいのですが，どんな役が必要ですか？」とグループで相談させる。役の相談をすると，重要な役割のはずの「おばあちゃん」役をどうするのか？　と，解決１に続き，おばあちゃんが焦点化される。

### ●解決３

　そこで，「おばあちゃんに台詞がないのは，どうしてだろう？」と問いが生まれる。チロたちにとっては，大切な人物であり，物語の中で，重要な役割を担っている。しかし，「おばあちゃん」や「手紙」「作ったチョッキ」は出てくるが，「会話」や「気持ち」は出てきていないことに着目させる。

　つまり，「登場人物は，話の中に出てきて，台詞がある人のこと」だととらえることができる。

# 出来事に着目して，三部構成を読む

┌─ 授業のポイント ─────────────────────────
　物語の基本となる登場人物や時，場所，出来事を観点として，「三部構成」をとらえた作品の読みを目指す。
└─────────────────────────────────────

## 1　この教材の特性と構造図

　本教材は，「はじめ・なか・おわり」の三部構成で描かれている。まず「はじめ」には，「むかし，ある山おくに，……わなをしかけました。」と物語の設定が描かれている。次に「なか」では，糸車をまわすまねをする「たぬき」と，にがしてくれた「おかみさん」との交流が，物語の出来事として描かれている。最後に，いたずら「たぬき」が，「おかみさん」のために，糸車を使って上手に糸をつむぐ。みつかった「たぬき」は，うれしそうに帰っていくという結末が描かれている。

　このように，物語は，登場人物や時，場所，出来事によって，三つのまとまりに分かれ，それぞれが役割をもってつながっている。「お話を三つに分ける」課題を通して，「三部構成」の定義をとらえていく学習が有効な教材であるといえる。

| ⑭ | ⑬ | ⑫ | ⑪ | ❿ | ❾ | ❽ | ❼ | ❻ | ❺ | ❹ | ❸ | ❷ | ❶ | 基本構成 |
|---|---|---|---|---|---|---|---|---|---|---|---|---|---|---|
| おわり | | | | | | | なか | | | | | | はじめ | |
| ← | | | | | はる | ふゆ | あるばん | | | | | あるばん | むかし | いつ |
| ← | | | | | | | | | | | | 一けんや | | どこで |
| たぬきは | たぬきは | たぬきが | たぬきのしっぽが | おかみさんは | ふうふは | ふうふは | おかみさんは | たぬきは | おかみさんは | たぬきのかげが | （たぬき）目玉が | おかみさんが | たぬきが | だれが |
| かえっていきました。 | 気がつきました。 | 糸をつむいでいました。 | 見えました。 | おどろきました。 | もどってきました。 | 村へ下りていきました。 | にがしました。 | まねをしました。 | 糸車をまわしていました。 | うつりました。 | のぞいていました。 | 糸をつむいでいました。 | いたずらをしました。 | なにをした |

## 2 指導の流れ

### ●思考のズレを生むポイント

　この教材では，物語の「基本構成」をとらえることをねらいとしたい。そこで，「お話を三つに分けてみよう」という課題から学習をはじめる。場面ごとに，「時」「場所」「中心人物」「出来事」を表で読みながら，場面のつながりを読み取らせたい。そして，この課題を解決しながら，「はじめ……中心人物の始めの状況」「なか……中心となる出来事」「おわり……中心人物の変容」という，「三部構成」の定義をとらえさせていきたい。

### ●課題

　お話を三つに分けてみましょう。

### ●思考のズレ

・❶—❷～❼—❽～⓭　「むかし」「あるばん」「その後」の時で分ける
・❶～❼—❽～❾—⓭　「ふゆ」と「はる」の季節で分ける
・❶～❻—❼—❽～❾～⓭　「まね」「にがした」「恩返し」の出来事で分ける

### ●問い

・いつ，どこで，誰が，どんなことをしたお話ですか？
・誰が，中心人物ですか？
・たぬきにおきたことに注目して，まとまりを考えよう

### ●解決1

　まず，「お話を三つに分けてみよう」という課題ではじめる。すると，「時」「季節」「出来事」など，注目するものによって分け方にズレが生じることを確認する。そこで，「表で読む」活動でそれぞれの場面を整理していく。

### ●解決2

　表で読むことで，「登場人物」ははじめからおわりまで「たぬき」と「おかみさん」であることがわかる。そこで，中心人物を問いにすると，子どもたちは，人間である「おかみさん」ととらえがちである。「いたずら」から「恩返し」へと物語中で気持ちの変化が大きく描かれているのは「たぬき」であることと，題名「たぬきの糸車」から中心人物は「たぬき」であることをとらえさせたい。

### ●解決3

　「たぬき」に関わる出来事に着目してつながりをとらえていくと，❶は「たぬきの紹介」，❷～❼は「にがしてもらったたぬき」，❽～⓭は「たぬきの恩返し」という三つのまとまりで構成されていることに気づく。このように，物語は「設定—出来事—変容と結末」という「三部構成」で全体像をつなげてとらえることを学ぶことができる。

「ずうっと，ずっと，大すきだよ」（光村図書）

# 中心人物と自分を重ねながら読み，心の変容に迫る

┌─ 授業のポイント ─
　「ぼく」の言動と自分の思いを重ね合わせて読んでいくことで中心人物の心の変容に迫る読みを目指す。

## ① この教材の特性と構造図

　本教材は，１年生での最後の文学教材となる。今までの学習を生かしながら，文章を読んで感じたことやわかったことを友だちと共有しながら読み深めたい作品である。

　「ずうっと，ずっと，大すきだよ」は，家族のように生活をしてきたエルフと少年との生活の交流が，中心人物「ぼく」の視点（一人称視点）で描かれた物語である。そのため，子どもたちも「ぼく」と自分を重ねて読むことができる。また，ペットを飼った経験や，大切な家族との死に向き合った経験などとも結び付けながら読むことで，一人一人が自分の感想をもつことも可能になると考えられる。

　そこで，大すきだったエルフのバスケットを，どうして，となりの子にあげたのかを考えながら，「ぼく」の変容と「エルフ」の変化を関係付けて，エルフのことをぼくはどう思っていたのかを，読んでいきたい。

| おわり エルフとのわかれ | なか エルフとの思い出 | はじめ エルフの紹介 | |
|---|---|---|---|
| 「ずうっと、ずっと、大すきだよ。」って言うんだ。　←ぼくの成長　ある朝、エルフが死んでいた。悲しいが受け止められた。エルフのバスケットをあげた。 | 「エルフ、ずうっと、大すき。」と言えたから　いつも一緒。毎晩「好き。」　エルフのお世話病院・介護　成長—せがぐんぐんのびる　家族みんなもエルフがすき　ぼくは特別　すき＝ぼくの犬だった　まくらにすること　いっしょにゆめを見ること　いっしょにあそぶこと　すきと言ってあげたこと　ぼくたちは、いっしょに大きくなった。　ずっと早く大きく（体も年も）なった。 歳—どんどん太る ねている さんぽがいや　すき　ママの花だんをほりかえすこと | エルフは、せかいでいちばんすばらしい犬です。　（ぼくが）エルフのことをはなします。　一人称視点 | ぼく　エルフ |

## ②指導の流れ

### ●思考のズレを生むポイント

　１年生の子どもたちは，「ぼく」がエルフと一緒に遊んだことや楽しい様子はもちろん，年老いていき心配する様子や別れの悲しさを読み取ることはできる。それだけに，大切なはずのエルフのバスケットをとなりの子にあげたことは意外だと感じる。そこで，「ぼくは，なぜ，となりの子にエルフのバスケットをあげたのでしょう？」という課題を解決しながら，「ぼく」の成長と変容を考えながら，読み取るようにしていきたい。

### ●課題

　ぼくは，なぜ，となりの子にエルフのバスケットをあげたのでしょう？

### ●思考のズレ

・エルフを忘れたかったから。／・忘れられないから。

・エルフを大切にしていたぼくのように，となりの子にも子犬を大切にしてほしいと思ったから。

### ●問い

・ぼくが，エルフのことが大好きだとわかるところをさがしましょう。

・エルフのことをぼくはどう思っていたのかな。

### ●解決1

　まず，「ぼく」がエルフのことを大すきだとわかるところをさがしていく。すると，今までの物語と異なり，すべて，「ぼく」の目で見たり，考えたりしたことが描かれていることを共有することで，一人称視点で物語が語られていることをとらえる。「ぼく」がエルフのことを大すきだからこそ，「なぜ，エルフのバスケットを手放したのか？」に注目した読みを進めていくことを確認する。

### ●解決2

　次に，「エルフのことをぼくはどう思っていたのか」を考えるために，最後の一文に注目し，「ずうっと，ずっと大すきだよ。」と言ってあげたいことの意味を読む。エルフとの生活の中では，「ぼく」だけが「大すきだよ。」と声をかけ続けていることが強調されている。これは，「ぼくの犬」という特別なつながりと，「ぼく」の願いでもあったことをとらえさせたい。

### ●解決3

　このことで，「ぼく」にとってエルフの死は，悲しみの深いものでありながらも事実を受け入れ，次に進むことができたと読み取ることができる。だから，「ぼく」は，子犬との生活を自分と同じように始めたとなりの子に大切なバスケットをあげることができたととらえることができる。

**「スイミー」（光村図書）**

# 中心人物のこだわり，変容を読む

┌─ 授業のポイント ─
「一文で書く」方法から，思考のズレを生じさせて，物語の設定を手がかりとして問いの解決を図っていく。
└

## ① この教材の特性と構造図

　この作品には，「体言止め」「倒置法」「比喩」「リフレーン（くり返し）」の技法が使われており，その豊かな表現が大きな特徴である。仲間を大きな魚に食べられて一人ぼっちになったスイミー。怖くて寂しくて，とても悲しいスイミーを元気付けたのは，海の中で出会った素晴らしいものたち。その素晴らしさが，倒置法によって強調されている。そして，新しい仲間との出会い。最初の設定部分にあるように，「きょうだいたちとたのしくくらすこと」がスイミーのこだわりである。そのため，外の素晴らしい世界に，新しい仲間を連れ出すため，スイミーは一生懸命考え，知恵を絞った。そして，自分だけ黒いという個性を生かし，仲間と協力して大きな魚を追い出した。「協力」だけでなく，目的のために，「知恵を絞る」，「自分の個性を生かす」ことも，この作品の主題である。

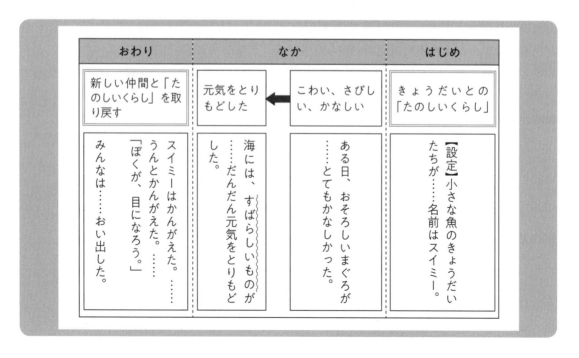

## ② 指導の流れ

### ●課題

このお話を，一文で書こう。

### ●思考のズレを生むポイント

このお話を一度読んで短くまとめると，大抵「スイミーが，仲間たちと協力して大きな魚を追い出す話」となる。しかし，中心人物のこだわりや変容，様々な技法やその効果も意識すると，「スイミーが知恵を働かせることで，個性を生かし，楽しいくらしを取り戻す話」ともまとめられる。そこで，まず第一時では，範読後，大まかな物語内容を知った段階で，一文で書く活動を行う。子どもたちの書いた一文から，「大きな魚をやっつける話」「元気になった話」などのズレを取り上げ，「本当に，スイミーがずっとしたかったのは，大きな魚をやっつけることだったのかな」とさらに問いかける。

### ●問い

スイミーがずっとしたかったことは何だろう。

### ●解決1

まずは，物語を三部構成に分ける。「はじめ」「なか」「おわり」の三つに分け，スイミーの気持ちの変容を大きくとらえられるようにする。

### ●解決2

次に，物語の「設定」を読む。スイミーが，兄弟たちと楽しく暮らしていたこと，一匹だけ真っ黒だったこと，誰よりも泳ぎが速かったという，スイミーの特徴をしっかりととらえる。今後の伏線となっていることを意識して指導する。

### ●解決3

「なか」「おわり」から，スイミーの行動を読む。スイミーが元気を取り戻すきっかけとなる海の様子や，スイミーが知恵を出す様子を技法とその効果も意識して読んでいく。その際，スイミーが自分の個性を生かした作戦を思いついたこともおさえる。

### ●解決4

「スイミーがずっとしたかったことは何だろう」という最初の問いに戻り，設定の場面や，岩陰から新しい仲間を出そうとしたスイミーの行動から，スイミーのこだわりである，「きょうだいたちとたのしくくらす」についておさえる。

「ミリーのすてきなぼうし」（光村図書）

**2** 年

# 登場人物の人物像と中心人物の変容をとらえる

━ 授業のポイント ━
　作品の「おもしろさ」を読むために「とくべつなぼうし」の意味を「問い」として焦点化している。

## 1 この教材の特性と構造図

　この教材は，ミリーが手に入れた「とくべつな」ぼうしが，ミリーの想像力によって変化し，ミリーの世界を広げていくお話である。想像力豊かなミリーは，すてきなぼうしに出会うことによって，さらに想像することの楽しさやおもしろさを体験するとともに，相手の気持ちを理解したり相手のために行動したりする優しさをもった人物へと成長する。想像力は生活を豊かにし，自分を取り巻く世界や相手を明るく幸せにする力をもっている。ミリーだけでなく，店長さんの粋な計らいやお母さんの機転の利いた言葉といった物語全体を包むユーモアを味わいながら，登場人物の共通点である「想像力」がぼうしをすてきにしたことや，「すてきなぼうし」とはどんなぼうしなのか，その価値に迫りたい。また，ぼうしを比較することでくり返しの中の変化とミリーの変容もとらえられるようにしたい。

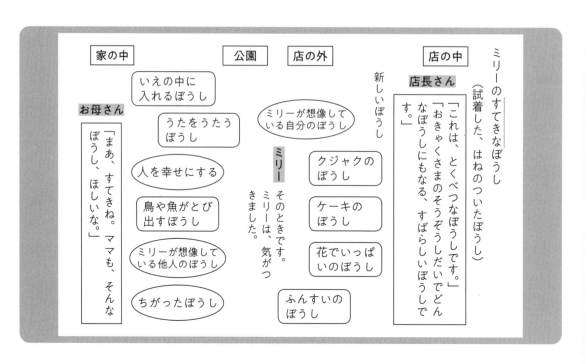

## ② 指導の流れ

### ●思考のズレを生むポイント

　題名から「ミリーのすてきなぼうしってどんなぼうし？」という問いをつくり，それを解決していくための手立てとして，物語の中にたくさん出てくる帽子を仲間分けさせる。帽子を数えていくとき，様々な数が出てきて，分類するときそこにズレが生じる。

### ●課題

　ミリーのすてきなぼうしってどんなぼうし？　とくべつなぼうしってどんなぼうし？

### ●思考のズレ

・形があるぼうしと想像のぼうし
・ミリーが想像している自分のぼうしと他人のぼうし
・鳥や魚がとび出したり歌ったりするぼうしと他のぼうし

### ●問い

・いろいろなぼうしを分類したけれど，どうちがうのかな？　どのぼうしがすてきかな？
・ぼうしによってミリーの何が変わったのかな？

### ●解決1

　まず，どんな帽子が，どんな順番で出てきたか数を確認する。そして，その帽子が何種類に分けられるか話し合い，それらを比較（対比・類比）する。ここでは，形ある帽子とそうでない想像の帽子といった分類，ミリーが想像している帽子でも，自分の帽子と他人の帽子という分類，また，鳥や魚がとび出したり歌ったりする帽子と他の帽子といった分類などが出てくる。これら出てきたものの違いを焦点化し，どう違うのかを考えさせ，その価値（何がすてきか）に気づけるようにする。

### ●解決2

　次に，作品の中でミリーの何が変わったのかを考える。くり返しの中で変化するこの作品の山場をとらえられるようにする。ミリーにとっておばあさんの帽子が〈くらくてさびしい水たまり〉に見えたのはなぜか？　それまでは形あるものに姿を変えていた帽子と鳥や魚がとび出したり歌ったりする帽子とはどこが違うのかを考えられるようにする。ミリーの想像力がさらに広がりを見せたところ，帽子を比較分類した中で子どもたちが一番すてきだと感じるであろうここが，ミリーの変容したところであることをつかませる。

### ●解決3

　さらに，この帽子をすてきにしたのは誰かを考えることで，登場人物の人物像をとらえられるようにする。ミリー，店長さん，お母さん，三人の同じところを見つけ，共通点は「想像力」だったことをおさえ，すてきを意味付ける。

「ニャーゴ」（東京書籍）

# 中心人物の変容から，物語のおもしろさを読む

┌─ 授業のポイント ─

　一般的な「おもしろさ」と読者と人物の関係から生まれる話の「おもしろさ」のズレから問いをつくる。

## 1 この教材の特性と構造図

　この教材のおもしろさは，①勘違いのおもしろさ，②数のおもしろさ，③読者が知っているおもしろさ，である。それらが伏線となり，読者のハラハラ感を高めている。まず，登場人物の子ねずみたちが，先生の話を聞いておらず，ねこの存在やねこがねずみを食べるということを全く知らないという設定で始まる。また，「中」の場面では，ねこの鳴き声も，子ねずみたちは，挨拶だと勘違いをする。さらに，ももとねこの子どもの数が同じだったことも，作者による仕掛けである。ねこの子どもの数を知った子ねずみたちが，自分たちの分まで，ねこにあげようとする優しさが，中心人物であるねこの変容につながっている。「なぜ，ねこが子ねずみたちを食べられなくなったか」という問いを考えていくことで，ねこの変容を読み取り，伏線による物語のおもしろさや，作品の心である「優しさ」を読んでいく。

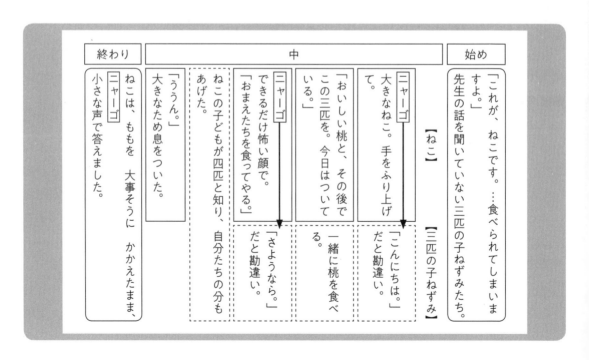

## ② 指導の流れ

### ●思考のズレを生むポイント

　授業では，まず登場人物と中心人物を確認する。その際，中心人物は物語の冒頭と結末で考えや心情，行動が大きく変わる人物ということをおさえ，そこから，中心人物のねこがどう変容したかを一文で書かせる。しかし，子どもたちにとって，ねこが子ねずみを食べなかったという結末はわかりやすいが，ねこが何によって変容したかはわかりにくい。そこで，子どもたちの一文から物語の結末を問いにし，その因果関係を読んでいくことで，物語のおもしろさを読み取っていく。

### ●課題

　このお話を一文で表そう。

### ●思考のズレ

・ねこは，子ねずみたちを食べられなくなっちゃったね。

・あんなにずっと食べたがっていたのに，なぜ，食べるのをやめたのかな。勘違いされたからかな。

### ●問い

　なぜ，ねこは，子ねずみたちを食べられなくなったのかな。

### ●解決１

　物語を三部構成に分け，「始め」の部分である物語の設定を確認する。子ねずみたちが，先生の話を聞いていなかったことで，ねこの怖さを知らないことを確かめる。また，読者は，ねこが子ねずみたちを狙っていることを知っており，それもおもしろさにつながっていることをおさえる。

### ●解決２

　「中」の部分のねこと子ねずみたちの言動を比べて読む。子ねずみたちの勘違いが，おもしろさにつながっていることをおさえる。また，持ち帰ったももの数とねこの子どもたちの数が同じだったことについて，「もし，ももが一つしかなかったらどうだったかな」と問いかける。

### ●解決３

　「終わり」のねこの様子（ももを大事そうにかかえて，小さい声でニャーゴという）から，問いの答えを話し合い，再度一文でまとめる。一文でまとめると，「子ねずみたちを食べようとしていたねこが，子ねずみたちにやさしくされたことによって，子ねずみたちを食べられなくなったお話。」となる。

「お手紙」（光村図書）

# 登場人物の変容と中心人物をとらえる

┌─ 授業のポイント ─
　冒頭と結末の二人の心の変容を比較した読みから中心人物をとらえ，その変容を読むことを目指す。
└

## ① この教材の特性と構造図

　この作品は，主に，かえるくんとがまくんという二人の登場人物の会話で構成されており，登場人物の変容がとらえやすい。「ふしあわせ」「かなしい」「しあわせ」「よろこぶ」といった二人の気持ちを直接表す言葉が使われており，対比しながら読むことができる。また，題名の「お手紙」が重要な役割を果たし，二人の「かなしい」「うれしい」気持ちが同じでも，その内容が違っていることから，その中身に迫ることで，中心人物をとらえることができる教材である。

　さらに，作者が挿絵も描いており，挿絵に作者の意図が反映されているという特徴をもっている。挿絵と文章を対応させながら筋をつかませたり，比較させたり，場面の様子や人物の心情を想像させたりするなど，挿絵の教材性も高い。

---

がまくん

手紙をもらえない。

かえるくん

がまくんが悲しんでいることが悲しい。

**二人とも不幸せ**

---

かえるくんのお手紙
『親愛なるがまがえるくん。ぼくは、きみがぼくの親友であることを、うれしく思っています。きみの親友、かえる。』

---

初めて手紙をもらった。

親友のやさしい心遣いを知る。

**二人とも幸せ**

がまくんが喜んだことがうれしい。がまくんが幸せなことが幸せ。

## ② 指導の流れ

### ●思考のズレを生むポイント

　この作品では，中心人物がとらえにくい。中心人物は誰か？　という課題を考え，一文で表してみることにより，文にねじれが生じ，子どもたちに思考のズレが生まれる。

### ●課題

　中心人物は誰かを考え，一文で表そう。

### ●思考のズレ

・がまくんがかえるくんから手紙をもらうことによって幸せな気持ちになる話。

・かえるくんががまくんに手紙を出したことによって，二人とも幸せな気持ちになる話。

・かえるくんががまくんに手紙を書いたことによってがまくんが喜んだ話。

### ●問い

　変わった人物はどっち？　心が大きく変わったのは誰？

### ●解決1

　まず，はじめと終わりを対比して読み，挿絵の比較から，がまくんとかえるくん「二人とも」気持ちが変容していることを読み取る。がまくんとかえるくんは，二人とも「かなしい気分」から「しあわせな気もち」に変わっている。「なぜ二人とも表情が違うか」「どうしてこんなふうに変わったのか」「どこで変わったのか」といった変化したきっかけや因果関係を，対比から読み取っていく。

### ●解決2

　次に，がまくんとかえるくんの「かなしい気分」の中身と「しあわせな気もち」の中身が同じかどうかを検討する。それぞれの気持ちの中身が違うことを確認するとともに，中心人物が誰かという問いを解決するためのヒントが，がまくんの気持ちが二つ変わっていること（①手紙をもらえて嬉しい②自分にも素敵な親友がいることに気づいた）にあること，がまくんの心の変容の方が倍になっていることに触れる。中心人物，対人物の定義をおさえ，二人の心の変容を整理することによって，一番心が大きく変わったのはがまくんで，がまくんが中心人物であることを確認する。

### ●解決3

　がまくんの気持ちが変わったのは，手紙をもらえたことだけでなく，手紙文の内容が大きく関係している。もし違う内容だったらどうかと比較させることで，その内容に価値があることや『親友』を意味付けさせる。そして，題名が主題を表していることに気づけるようにする。また，かたつむりくんが配達役であることや四日間の意味を考えることで，「お手紙」のおもしろさやよさを実感させたい。

**「かさこじぞう」（東京書籍）**

# 物語の因果関係や伏線のおもしろさをとらえる

┏━ 授業のポイント ━

　冒頭部分の物語の「設定」から「伏線」を辿る読みを通して結末の物語の「二面性」を読むことを目指す。

## 1 この教材の特性と構造図

　本教材は，民話特有の筋の展開の中に，貧しいけれどもいたわりながら実直に明るく生きる老夫婦と地蔵様の心の通い合いを描いた作品で，「出来事」と「解決」という因果関係がよく見える。また，じいさまが作ったかさの数が五つであることが，じいさまが地蔵様に手ぬぐいをかぶせることの伏線になっていたり，二つの出来事が並列して起こり，出来事②（じいさまが地蔵様にかさや手ぬぐいをかぶせたこと）が出来事①（大晦日なのに「もちこのよういもできん」こと）の解決の伏線になっていたりするなど，伏線のおもしろさがある。民話特有の表現や語り口調の特徴を音読を通して読み味わいながら，伏線を基にして，物語の二面性と主題（じいさまとばあさまの優しさ）を読むことができる教材である。

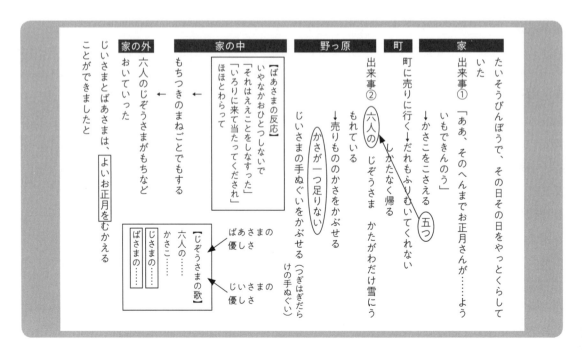

## ② 指導の流れ

### ●思考のズレを生むポイント

「かさが一つ足りない」という設定によって何が生まれたか（事実の伏線）を考え，作者が「かさを五つにした理由」という視点で物語を読んでいけるようにする。

### ●課題

かさが六つあったらよかったのに（六つ作ればよかったのに），どうして五つなのだろう？

### ●思考のズレ

・すげが五つ分しかなかった。

・最初から地蔵様にかさをかぶせるなんて思って作っていない。そんなことになるなんて知らなかった。

・六つあれば地蔵様全員にかぶせることができたけど，それだったら地蔵様はもちこを届けてくれなかった。

・かさを六つ持っていたらつまらなくなる。作者はこのお話をおもしろくしたかった。

### ●問い

売れ残ったかさが五つの場合と六つの場合で，お話のおもしろさはちがうの？

### ●解決1

まず，問いをもつための共通土俵をつくる。物語の冒頭と結末を明確にし，冒頭部で設定をおさえる。そして，このお話は二つの出来事が並列して起こるので，「困ったことはいくつあったの？」と聞き，二つの出来事（①大晦日なのに「もちこのよういもできん」こと②地蔵様が片側だけ雪に埋もれていて，「じぞうさまの数は六人，かさこは五つ。どうしても足りない」こと）がどのように解決していくかを場面の移り変わりに沿っておさえていく。

### ●解決2

次に，「最初からかさを六つ作ればよかったのにね」と，子どもたちの読みに揺さぶりをかけ，問いをもたせ，「作者が五つにした理由」という視点で読み，思考しながら問いを解決していく。数に着目することで，作品の論理を読み，問いの解決から，伏線の意図を読んでいけるようにする。そして，伏線が作品をおもしろくしていることや，じいさまの優しさを強調していることをつかめるようにする。

### ●解決3

さらに，伏線を基にして，作品のテーマとなる「じいさまとばあさまの優しさ」を読むことにつなげていく。地蔵様の歌の歌詞に着目して，じいさまの優しさの裏にあるばあさまの優しさを読み取ったり，「よいお正月を迎えられたわけやその意味を考えたりしながら，物語の二面性にも気づけるようにする。

「スーホの白い馬」（光村図書）

# 中心人物のこだわりに着目して読む

---
**授業のポイント**

「どんなときでも，…いっしょだよ。」という中心人物のこだわりから変容を読んでいくことを目指す。
---

## 1 この教材の特性と構造図

本教材は，民話調の物語である。「はじめ」部分に前書きがあり，馬頭琴の由来についての話であることが述べられている。語り手は，物語全体を通して中心人物であるスーホに寄り添っている。

スーホと，対人物である白馬との出来事によって三部構成に分けると，「スーホと白馬との出会い」の場面，「殿様により白馬が奪われ，白馬が死ぬ」場面，「白馬が夢に出てきて，スーホが馬頭琴を作る」場面に分けることができる。そして，物語全体を通して表現されているのがスーホの白馬への愛情や思いである。「どんなときでも，いっしょにいたい」これが，スーホのこだわりであり，その思いが馬頭琴を作ることにもつながっていく。一文で書くと，「スーホが，白馬が死んで馬頭琴を作ることで，いつまでも一緒にいられたお話。」となる。

| 場面 | はじめ | | 中 | | おわり | |
|---|---|---|---|---|---|---|
| | 前書き | 1 | 2 | 3 | 4 | 結び |
| 主な出来事 | 馬頭琴の説明 | 白馬との出会い　羊を守る白馬　「どんなときでも，…いっしょだよ。」→兄弟のよう、信頼 | 殿様に白馬を奪われるスーホ | 白馬の死　かなしさ、くやしさ | 白馬が夢に出てくる　馬頭琴を作る　・（白馬）「がっきを作ってください。そうすれば…いつまでもあなたのそばに…。」 | 馬頭琴のその後　・どこへ行く時も馬頭琴を持っていき、すぐわきに、**白馬がいるような気が**〜　くやしさ、楽しさを思い出す |

ずっと一緒にいたい
（スーホのこだわり）

## 2 指導の流れ

### ●思考のズレを生むポイント

　文章を読み，登場人物などの設定を確認した後，物語を一文で書く活動を行う。（「中心人物が，〜によって，〜する・になる話。」とまとめさせる）大事にしていた白馬が殺されてしまった話なのか，それとも，馬頭琴を作ることで一緒にいられた話なのか，子どもたちの書いた一文が大きくズレることが予想される。そのズレから問いを導き出し，物語全体を通して表現されているスーホのこだわりに注目しながら読んでいく。

### ●課題

　このお話を，一文で表そう。

### ●思考のズレ

・スーホが，白馬を使って馬頭琴を作ったお話。
・スーホが，大事にしていた白馬を殺されてしまったお話。
・スーホが，馬頭琴を作ったことによって，白馬といつまでも一緒にいられたお話。

### ●問い

　スーホと白馬は，いつまでも一緒にいられたの？

### ●解決1

　まずは，「はじめ」の場面である，スーホと白馬の出会いから，二人の関係の深まりを読む。親代わりとして心をこめて白馬を育てるスーホの気持ち，おおかみから命がけで羊を守った白馬の行動をきっかけに，兄弟のような深い関係になったことをおさえ，「どんなときでも，ぼくはおまえといっしょだよ。」という言葉に表されているスーホの思い（こだわり）を明らかにする。

### ●解決2

　次に，「中」の白馬を奪われ，殺される場面での，スーホの思いを，殿様の白馬への思い，白馬のスーホへの思いと比較しながら読んでいく。命をかけてスーホの元へ向かう白馬と，白馬の死を見守るスーホ。「どんなときでもいっしょにいたい」と願っていたのに，その願いが白馬の死によって絶たれ，悔しく，悲しい気持ちを想像し，二人の結び付きの強さを読む。

### ●解決3

　「おわり」の場面を読み，スーホの変容をまとめる。スーホが夢に出てきた白馬の教えを基に，馬頭琴を作ったことで，白馬といつまでもいっしょにいたいという願い（こだわり）を叶えることができ，悲しさだけでなく，楽しい記憶を思い出すことができたことを読み取る。

　最後に，学習してきたことを基に，改めて物語を一文で表し，学習のまとめとする。

「ジオジオのかんむり」（光村図書）

# 物語の二つの柱をとらえて読もう

**授業のポイント**

　中心人物「ジオジオ」の変容とそのきっかけを読んでいく中で「かんむり」の役割に気づかせる読みを目指す。

## 1 この教材の特性と構造図

### ●ジオジオが際立つ

　挿絵には，いろいろな動物が描かれているが，物語の場面には登場していない。登場人物の中で名前があるのは，ライオンのジオジオだけである。ジオジオを中心に物語のはじめと終わりの柱を立て，年老いた王様ジオジオの姿やはい色鳥が巣作りしたときのジオジオの行動，小鳥たちの声をうれしそうに聞く幸せな姿を読んで楽しみたい。

### ●「かんむり」の役割

　ジオジオのかんむりにまつわって話が進んでいる。動物たちと王様の関係を表している物が鳥の巣に変わる。この物語では，「物語の大事な物」がどのように描かれているか読むことで中心人物の変容をとらえることができる。また，強さの象徴であるかんむりを，王様が，鳥の巣として提供するという意外性とおもしろさにも気づかせたい話である。

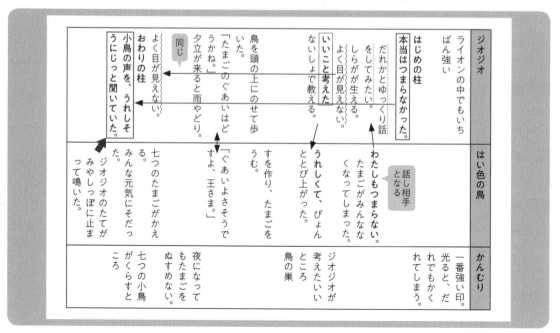

## ②　指導の流れ

### ●思考のズレを生むポイント

　「ジオジオのかんむり」は，どのようなかんむりか，動物によって見え方が違う。そのため，「どのようなかんむりか」を課題とすることでズレを生むことができる。また，そのズレを基に物語のはじめと終わりの柱を立て，追求することでジオジオの変容を読むことができる。

### ●課題

　「ジオジオのかんむり」は，どのようなかんむりですか。

### ●思考のズレ

・かんむりは，王様の印で，王様だけがかぶれる物。／・かんむりが光っただけで，みんな逃げていく。／・ジオジオが，鳥の巣にしていいと言った。／・小鳥たちが元気に育って，住んでいるところ。

### ●問い

・ジオジオにとって，かんむりは，どんなかんむりですか。

・かんむりの役割は，どのように変わりましたか。

### ●解決１　物語の設定を読む

　時・場……森の中であまり具体的ではない。　登場人物……ジオジオ・はい色の鳥

### ●解決２　物語の二つの柱と出来事を読む

　中心人物ジオジオのはじめと終わりの様子をとらえ，ジオジオの気持ちの変化の原因を読む。

はじめの柱…ほんとうは，つまらなかった。

　ジオジオの行動と言葉を読んで，本当の願いをつかむ。

　きっかけとなる出来事…はい色の鳥が来る。

　・はい色の鳥の話とジオジオの言葉を読む。

　・かんむりの中にたまごを生むのが，どうしていい考えなのか考える。

　・かんむりが鳥の巣になった後のジオジオの行動を読む。

終わりの柱…小鳥の声を，うれしそうにじっと聞いていた。

　ジオジオの気持ちが，「つまらない」から「うれしそう」に変化した原因をまとめる。

### ●解決３　ジオジオの変容と題名にもなっている「ジオジオのかんむり」の役割をつなげてまとめる

| | |
|---|---|
| かんむり　最強の印 | ジオジオ　つまらない。誰かと話したい。 |
| ↓ | ↓ |
| はい色鳥・小鳥たちの巣 | うれしそう |

「物語の大事な物」ととらえることで，おもしろさにも迫る。

「きつつきの商売」（光村図書）

# 場面を比べて中心人物の変容を読む

**授業のポイント**

中心人物の変容を読むために，二つの場面の共通点，相違点を比較することがポイントとなる。

## 1 この教材の特性と構造図

「きつつきの商売」は，二つの場面で構成されている。一の場面の登場人物は，きつつきと野うさぎ。二の場面は，きつつきと野ねずみの家族であり，登場人物がとても少ない。場面や登場人物，中心人物といった学習用語について学級全体で確認するのに適している。

二つの場面は，同じ構成になっているため，比較しながら内容をとらえ，違いに着目して，中心人物がどのように変容したかをとらえる読み方を学ぶことができる物語である。

また，擬声語・擬態語が多く，そのおもしろさやリズムの心地よさを感じつつ，イメージを膨らませて読むこともできる。

| 場面 | 登場人物 | メニュー | 値段 | 音 | 音を聞いた後 | 一文 |
|---|---|---|---|---|---|---|
| 1 | きつつき 野うさぎ | 四分音符分 ぶなの音 | 百リル | コーン（自ら出した音） | 野うさぎは、きつつきを見上げたまま、だまって きつつきも、うっとり | きつつきが、自分では出せない自然の音に気付き、メニューにすることによって、みんなをうっとりさせ幸せにする話。 |
| 2 | きつつき 野ねずみの家族 | とくとく、とくべつメニュー 今日だけのとくべつな音 | ただ | シャバシャバシャバ パシパシピチピチ パリパリパリパリ ドウドウドウ ザワザワザワワ（自然の音） | 野ねずみたちは、みんな、……とくべつメニューの雨の音につつまれて | |

## ②⃝ 指導の流れ

### ●思考のズレを生むポイント

　教材の特性として，どちらの場面にも共通して出てくるきつつきが中心人物であることはすぐに理解できる。しかし，一文で表そうとすると，何によってどのように変容したのかは，一読しただけではよくわからない。どちらの場面のことを書いていいのか，そもそも変容しているのかという疑問も出てくる。

### ●課題

　物語を一文で表そう。

### ●思考のズレ

・どちらの場面のことを書くのかな。

・きつつきは変わったのかな。

・きつつきはどう変わったのか。

・変わったきっかけは何だろう。

### ●問い

　中心人物であるきつつきは，何によってどう変わったのか？

### ●解決１

　まず，場面を表に整理し比較して共通点を見つけていく。

・登場人物は，きつつきと何か。

・どちらにもメニューや値段，音が出てくる。

・音を聞いた後の様子が書かれている。

### ●解決２

　その後，値段の違いに目を向け，「なぜ，特別メニューのみただなのか」を考える。一の場面の音は，自分のくちばしでぶなの木の幹をたたいて，自ら出した音であるのに対して，二の場面の音は自然の音であるため，値段がただであることに気づいていく。

### ●解決３

　さらに，「よりお客さんやきつつきが気に入っている音はどちらだろうか」と問いかける。音を聞いた後を比較することで，気に入っていたからこそ長い時間，にこにこしながら聞いていた二の場面の重要性をとらえる。

　このように読むことで，きつつきが，自分で音を出すだけでなく，自然の音に気づき，メニューにすることでお客さんを幸せにしていることを読み取っていく。

　学習の最後に，もう一度物語を一文で表現することで，きっかけや変容をとらえ，まとめることができるようにする。

「まいごのかぎ」（光村図書）

# 非現実世界の出入り口は，どこか？

┏━ 授業のポイント ━━━━━

ファンタジー作品の入り口と出口から思考のズレを生み，作品の三部構成をとらえ，変容を読んでいく。

## **1** この教材の特性と構造図

「まいごのかぎ」は，現実─非現実─現実の構造をもつファンタジー作品である。中心人物のりいこは，非現実世界での気づきをきっかけに，現実世界での心情を変容させる。よって，本作品では，ファンタジー作品の構造と，中心人物の変容を関連させて指導することが大切である。

りいこは，図工の時間に描いたうさぎを出入口にして二つの世界を行き来する。しかし，非現実世界で起こる出来事に黄金色の鍵が印象深く関係しているので，出入口をかぎだと思う子どもが多くいるだろう。そうなると，非現実の範囲が曖昧になり，りいこが何に気づいたのかがわかりにくくなってしまう。非現実世界への出入口の原理・原則を教えて場面を明確に確定させることが大切であり，そこでりいこが何を体験し，何を思ったのかを読み取ることで，結末で手をふり続けるりいこの心情に迫りたい作品である。

┌─────────────────────────────────────┐

◀──────── 非現実の世界 ────────▶

【りいこの頭の中のうさぎが，どこにもいない】 〈入口〉

「またよけいなことをしちゃったな。」
しょんぼりと歩きながら，つぶやきました。

うさぎに悪いことをしたなあ。

① さくらの木の鍵穴
（りいこがかぎを拾い，かぎあなにさすと…）
・さくらの木に，どんぐりの実がつくんて

② 緑色のベンチの鍵穴
・歩くなんて，おかしいもの

③ あじの開きの鍵穴
「あぶない。海に帰っちゃうとこだった。」
・わたし，よけいなことばかりしてしまう。

④ バスの時こく表の鍵穴
「わたしが，時こく表をめちゃくちゃに
…」
「なんだか，とても楽しそう。」
・そして，はっと気づいたのです。
「みんなも，すきに走ってみたかったんだね。」

【あのうさぎが，うれしそうにこちらに手をふって】 〈出口〉

りいこもうれしくなって，大きく手をふり返しました。

かぎは，いつのまにか，かげも形もなくなって…

└─────────────────────────────────────┘

## ② 指導の流れ

### ●思考のズレを生むポイント

範読後，子どもに読後感をたずねる。「面白い」「不思議」「ありえない」という声が上がるだろう。現実には起こりえない出来事が起こる世界を「非現実」というと教えた後，非現実世界の始まりと終わりはどこかを問う。子どもの意見は色々と分かれるだろう。これをファンタジー構成の「原理・原則」に即して解決し，物語の三部構成を明確にすることで，りいこの変容の要因に触れる授業を展開していく。

### ●課題

非現実世界の出入り口は，どこか？

### ●思考のズレ

【入口】・（うさぎまで）どこにもいなくなった気が……

　　　　・持っていたかぎをさしこんでみます。

【出口】・うさぎが，うれしそうに……手をふっているのを。

　　　　・かぎは……かげも形もなくなっていました。

### ●問い

非現実世界の出入り口は，かぎか，うさぎか？

### ●解決１

不思議な出来事の出入口では似た出来事が起こることを教え，対になる描写を探す。多くの子どもがかぎに注目するが，かぎはうさぎがいなくなった後に現れ，再びうさぎが出てきたときにはいつの間にか消えていることを確認する。かぎを巡る不思議な出来事は「うさぎ」の叙述を出入口にしていると確定させることで，現実―非現実―現実の三部構成をはっきりさせる。

### ●解決２

作品の最初と最後の，現実世界にいるりいこの様子を比べる。りいこの様子がわかる言葉を見つけ，〈うさぎを描いたことをよけいなことをしたと後悔し，うさぎを消してしまってしょんぼりしているりいこ〉から〈うれしそうに手をふるりいこ〉に変容していることを読み取る。

### ●解決３

非現実世界を読み，りいこが変容した要因を明らかにする。まず，不思議な出来事（構造図①～④）で場面分けをする。次に，出来事ごとにりいこの気持ちがわかる言葉を探し，変化をとらえる。こんな不思議なことが起こるのはおかしい…，またよけいなことをしてしまった…と落ち込むりいこが，バスのダンスに見とれているうちに「みんなも，すきに走ってみたかったんだね。」という明るい発想に至ったことをとらえる。非現実世界での気づきが要因となり，現実世界の変容を理解したら，ファンタジーの三部構成に沿って，物語を一文で書きまとめる。

「サーカスのライオン」（東京書籍）

# 中心人物の変容を読む

- 授業のポイント

　物語の構造から中心人物の変容を問うことで，思考のズレを生み，それを「問い」とし
その解決を目指す。

## 1 この教材の特性と構造図

　3年生であれば「ライオンが死んでしまう悲しい物語」と情に流されて道徳的に読み終えて
しまう可能性がある。そのような中で，中心人物の変容に着目することで物語の主題をつかむ
という国語の学習として学びを深めさせたい。

　毎日寝ていたライオンのじんざが，火事の中で男の子を助けるという展開から，一見中心人
物の変容はとらえやすいように感じる。しかし，中心人物がどんなことに“こだわり”をもっ
ていたかを伏線から丁寧に読み取ることで，より一層主題に迫れる。（中心人物のこだわりと
は，作品のはじめから終わりまで貫かれているもので，ここでは「アフリカの頃・若い頃」で
ある）

　また同じ中心人物を指す言葉の「ライオン」と「じんざ」という表記に注目することで，作
者の使い分けが見え，より深いところにある作者の主題に迫ることができる。

| 結末 | 山場 | 展開 | | | | 設定 | 構成 |
|---|---|---|---|---|---|---|---|
| 次の日 | その夜ふけ | 明日サーカス終わる日 | それから毎日 | 次の日 | 夜 | | 時間 |
| サーカスのおしまいの日<br>↓五つの火の輪は…お客は一生けん命に手をたたいた。ライオンのじんざがどうして帰ってこなかったかを、みんなが知っていたので。 | 石がきの上のアパートの火事<br>↓むかし、アフリカの草原を走ったときのように、じんざはひとかたまりの風になってすっとんでいく。<br>↓「わしは火には、なれていますのじゃ。」<br>↓ほのおはみるみるライオンの形になって、…かがやくじんざだった。 | 「わかいときのように、火の輪を五つ…」 | 男の子のチョコレート<br>↓じんざは、チョコレートはすきではなかった。けれども、…うれしかったのだ。<br>↓じんざは、もうねむらないでまっていた。 | 男の子「火の輪をくぐるの見に来るよ。」<br>↓じんざの体に力がこもった。目がぴかっと光った。 | 男の子との出会い<br>「昼間サーカスを見たときは、何だかしょげていたの。だから、お見まいに来たんだよ。」<br>↓じんざは、ぐぐっとむねのあたりがあつくなった。 | サーカスのライオン（二、三本火の輪をくぐる）年取っていた。一日中ねむっていた。ゆめの中…草原の中を風のように走っていた。 | じんざの様子 |

## ② 指導の流れ

**●思考のズレを生むポイント**

　感情的に読んでいる子どもに対し，本文を詳しく読む必然を生むことが大切である。物語を一文にすることで登場人物のこだわりが見え，主題に迫ることができる。なおハッピーエンドか否かは読み手が決めることであり，そこに至るまでの読みが重要となる。

**●課題**

　この話はハッピーエンド？　バッドエンド？　どっちの話として作者は書いたのだろう？

**●思考のズレ**

・ハッピーエンド派……少年を助けることができたから。

・バッドエンド派……サーカスで活躍する自分の姿を少年に見せることができなかったから。

**●問い**

　じんざは何がきっかけとなって，どう変わった？

**●解決1　変容のきっかけをとらえる**

　場面を時で分け，時間の流れを基に構成を確認する。じんざの変容のきっかけは火事だけではなく，「お見まいに来たんだよ」という言葉から始まるライオンを応援する男の子との関わりであることを読み取っていく。

**●解決2　表記に着目する**

　作者の「ライオン」「じんざ」の使い分けの仕方について考える。作者が「ライオン」と表記するのは勇敢で立派なライオンをイメージするものであることに気づかせたい。P.139の4行目で空高く舞い上がるライオンの形の炎＝ぴかぴかにかがやくじんざになることで，じんざが勇敢で立派なライオンになり金色に輝いていることがわかる。

**●解決3　伏線を読む**

　設定での「アフリカの夢」は山場で男の子を助けに行くじんざの様子に繋がる。また「火の輪の数」も二，三本が，男の子が見に来る日には「若いころのように五つ」にしたいとやる気がみなぎる。これらの伏線からじんざのこだわりは「アフリカの頃・若い頃」にあることがわかる。さらに火の輪は結末で五つになることも主題に繋がる。

> 毎日同じことばかりして年取っていったじんざが，
> 　　自分を気遣う男の子と出逢い，
> ↓　　火の輪くぐりを生かしてその男の子を助けることで
> 若いころのように金色に光るライオンになって空を走った話。

**3年** 「ちいちゃんのかげおくり」（光村図書）

# このお話には，いくつのどんなかげおくりがある？

┌─ 授業のポイント ─────────────────
　読者の思い込みの読みと語り手の語りを通した読みの違いから中心人物の心を読む授業を目指す。
└──────────────────────────

## 1 この教材の特性と構造図

### ●戦争中と戦後の二部構成

　戦争中では幼いちいちゃんが命を落とすが，戦後には子どもたちの明るい遊び声が聞こえる，という対比が見られる。

### ●くり返される「かげおくり」

　戦争中，ちいちゃんがくり返し「かげおくり」をして遊ぶ様子を基に場面分けができる。

### ●語り手と読者の視点の違い

　読者は激化する戦争の様子やちいちゃんの死に強く影響され，物語の結末を「悲しい」ととらえるが，三人称限定視点の叙述に向き合えば，語り手は終始「かげおくり」を楽しむちいちゃんの姿を語っていることがわかる。最後の「かげおくり」の叙述からは空色の花畑で家族と再会できたちいちゃんの喜びが読める。語り手と読者の視点のズレを読みの課題に取り上げる。

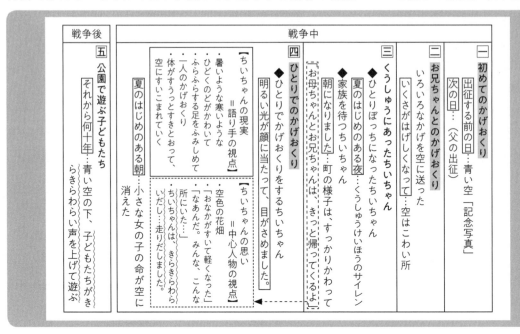

## ② 指導の流れ

### ●思考のズレを生むポイント

　題名から，「ちいちゃんはどんな子？」「かげおくりって何？」という疑問をもたせる。次に，範読した後，読後感をたずねる。多くの子どもがちいちゃんの死に悲しみを感じているだろう。読後感を聞く中で，「戦争」というキーワードが出てきたら，「お話の全部が戦争の話かな？」と問い，物語を戦争中と戦争後の二つの場面に分ける。話題を題名に戻し，ちいちゃんは幼い女の子，かげおくりはお父さんが教えてくれた遊び，などの設定を確認する。

### ●課題

　このお話には，いくつのどんな「かげおくり」がある？

### ●思考のズレ

①家族みんなでやった「かげおくり」……楽しい

②お兄ちゃんとやった「かげおくり」……ちょっと楽しい

③ひとりでやった「かげおくり」……？

　子どもの意見を交流させながら，「かげおくり」を基に戦争中の出来事を整理していく。①では，ちいちゃんの楽しそうな様子をとらえる。②では，楽しいが，戦争が激化していく様子を，空の叙述の変化にも着目しながらとらえる。

　③の「かげおくり」に対しては，「悲しい」と「楽しい」で，子どもの意見が割れるだろう。そこで，次の問いを投げかけ，語り手と読者の視点のズレに迫っていく。

### ●問い

　誰から見たら，楽しいと言える？　悲しいと言える？

### ●解決

　「悲しい」と主張する子どもが根拠とする叙述を書き出す。それらは，語り手が，ちいちゃんの身に起こっている現実を説明した言葉であり，それを「悲しい」と感じているのは読者である。同様に，「楽しい」という主張も検討する。その叙述は，家族に会いたいというちいちゃんの思いを描写している。「楽しい」は，ちいちゃんの思いなのである。

　多くの子どもは，戦争の悲劇に影響を受け，作品に「悲しい」という主観的な印象をもつ。しかし，語り手はちいちゃんに寄り添い，家族への一途な思いや再会の喜びを，作品の事実として語っている。語り手の語りを中心とした読みを大切にすると，「ちいちゃんにとっては楽しいかげおくり」となるのだ。一方，結末を知っている読者にとっては，「やるせないかげおくり」である。両者の違いを理解し，でも，思いを大切にしながら，改めて全文を音読したい。

　最後に，作者はなぜ五場面を書いたのかを考える。作者の視点から作品をとらえる見方にも，少し触れて終わりたい。

**3年**　「ゆうすげ村の小さな旅館——ウサギのダイコン」（東京書籍）

# 物語の伏線に着目する

---

**授業のポイント**

物語の中にちりばめられている「伏線」をつなぎ合わせて不思議を解明する作品のおもしろさを読むことを目指す。

---

## 1 この教材の特性と構造図

伏線とは，クライマックスに向けて，前もってそれとなく述べられている事件や出来事，人物の行動を含めた作品の仕掛けのことである，読者は物語に置かれた布石（点）が伏線（線）となっていくことによってワクワク・ドキドキ感が高まっていく。物語を最後まで読むと，すべての布石が回収され，それらの伏線により因果関係がわかり，物語世界を満喫できるのである。

本作品は人間の娘に化けたウサギが，畑を借りているお礼として，主人公の仕事を手伝う話である。読者は宇佐見美月がウサギであることを知らないで読み進める。しかし物語にちりばめられた布石（伏線）によって，徐々に疑い始め，終わりの場面で（そういうことだったの……）という主人公の内語とともに全貌を知るのである。また伏線により，宇佐見親子の目的を読み取ることができる。

| おわり | なか②  | なか① | はじめ |
|---|---|---|---|
| p.120 5行目〜<br>おわり | なか②<br>p.116 6行目〜<br>p.120 4行目 | なか①<br>p.113 6行目〜<br>p.116 5行目 | はじめ〜<br>p.113 5行目 |
| 解明B（そういうことだったの……）＝宇佐見親子がうさぎだったこと。＝宇佐見親子がたんせいこめて育てたダイコンだからどんなダイコンよりおいしい。<br><br>解明A「おかみさんが畑に来たのが、足音で分かった」＝耳がとてもいいから色んな音が聞き取れる。 | 解明C ウサギダイコンの「耳がよくなる魔法」のおかげでお客さんもつぼみさんも急に耳がよくなった。<br><br>不思議C 遠くの小鳥の声・小川のせせらぎがしょっちゅう聞こえ、はるか遠い山の上をふく風の音が、どのあたりをふいているのかを聞き分けることができる。 | 不思議B ネズミダイコンは聞いたことあるけど、ウサギダイコンっていうのもあるのね。<br><br>不思議A（買い物帰り、誰にも会わなかった）＝つぼみの望みをなぜ知っているの？ | 山に林道を通す工事の人たちがとまりにくる。<br>「だれか、手つだってくれる人がいないかしら」←<br>つぼみさんのひとり言 |

## ② 指導の流れ

### ●思考のズレを生むポイント

　美月の正体がウサギであることがわかる箇所はたくさんある。しかしその部分を見つけるだけでは，物語の本質は見えてこない。因果関係を読み取りながら，ダイコンがもたらす魔法の意味を考えさせていきたい。

### ●課題

　美月さんがウサギだとわかるのは，どこですか？

### ●思考のズレ

・宇佐見という名前

・色白のぽっちゃりとしたむすめ

・ウサギダイコン

### ●問い

　ダイコンの魔法のもつ力とは？

### ●解決１　因果関係を読む

　つぼみさんが不思議に感じたことと，それに対する答えを文中から見つけることで，内容確認をしていく。（構造図参照）

### ●解決２　宇佐見親子の目的を読み取る

　最後の手紙に「またお手つだいに行きます」とあり，「畑を貸してくれているお礼としてつぼみさんの仕事を手伝う」ことは読み取りやすい。人間になって「くるくる・さっさ」と働く様子からウサギらしさも生かしている。

　しかし，旅館が忙しくなったのは，山に林道を通す工事の人がとまりにきたからである。宇佐見父が畑を借りたのは去年の秋のことなので，宇佐見父の大根づくりの目的と，今回の手伝いは直接の関係は見いだせない。（ダイコンづくりは，山のみんなが星の歌まで聞こえるように耳をよくするためである）

　今回美月が掃除・洗濯だけでなく，料理までした目的は，大根を工事人に食べさせて，彼らの耳をよくし，森の仲間（小鳥の巣）の存在を気づかせることにあった。つぼみの最初の望みも「せめて，今とまっているお客さんたちが帰るまで」であり，両者の思いが一致していた。だからこそ工事の人が帰ると，目的を達成した美月も帰るのである。「おずおず」し，がっかりするつぼみさんに対し「下を向く」様子からも読み取ることができる。

　授業の流れとしては，つぼみさんの不思議とその答えの因果関係を読み取ることで，工事人・つぼみさん・山のみんなの耳の変化や，宇佐見親子の耳のよさがわかるところに気づかせ，ウサギダイコンの魔法の効果＝宇佐見親子の目的について考えさせたい。

「モチモチの木」（光村図書）

# 豆太は変わった？　変わってない？

┏━ 授業のポイント ━┓

作品の特徴である「中心人物は変容したのか？」という問いの解決から作品のテーマに迫る読みを目指す。

## 1 この教材の特性と構造図

　場面の移り変わりに注目しながら登場人物の気持ちを想像して読むことに適した教材である。中心人物の人物像は，子どもによって「勇気が出せた豆太」「結局臆病なままの豆太」に分かれるだろう。それは，この物語が，子どもによって豆太の変容を感じる場所がズレやすい構造をもっているからである。そこで，各場面の出来事を詳しく読み，「○○な豆太」という小見出しを付け，豆太の変容から物語の全体像を整理する。すると，「医者様を呼びに行けた豆太」だけでなく，「モチモチの木に灯がともるのを見られた豆太」がいることに気づく。では，臆病な豆太がなぜモチモチの木の灯を見ることができたのか。大事なじさまを救うために勇気を出して闇夜を走った豆太だからこそ，「山の神の祭り」を見られたのだ。この変容と，結末の三文をつなげて読むことで，作品の心「愛を守る勇気」に辿り着きたい。

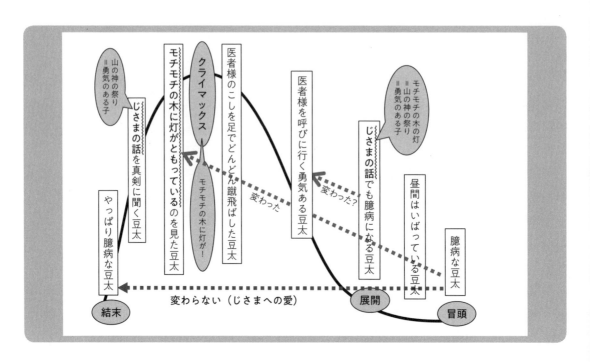

## 2 指導の流れ

### ●思考のズレを生むポイント

　範読後，子どもに豆太の人物像をたずねると，物語の冒頭と結末の姿が同じことに着目した意見と，山場からクライマックスにかけての行動に着目した意見が出てくるだろう。そのズレを取り上げて理由を問うと，子どもによって注目している場面が違うことがわかる。そこで，豆太の様子を詳しく読み取りながら，変容とその変容に込められた作品の心に迫っていく。

### ●課題

　豆太はどんな子？

### ●思考のズレ

①臆病な子，弱虫で甘えっ子（豆太は変わっていない）

　→最後の場面も一人でしょんべんに行けないから

②怖がりでも勇気のある子（豆太は変わった）

　→夜に，じさまのために医者様を呼びに行ったから

### ●問い

　豆太は変わったのか？　　変わっていないのか？

### ●解決1

　各場面を詳しく読み，「○○な豆太」という小見出しを付けて，豆太の様子を整理する。

### ●解決2

　小見出しを見比べて，豆太の変容をとらえる。上記②「臆病な豆太が，じさまの腹痛に驚いたことによって，医者様を呼びに行った話」では，山場以降の場面が含まれないことに気づかせる。物語全体には，「モチモチの木の灯が見たい」とこだわる豆太がいて，「見たいけど怖がる臆病な豆太」から，「見られた豆太」になっていることを確認する。

### ●解決3

　でも，上記①のように結末の豆太は臆病なままである。そこで，「こんなにも臆病な豆太が医者様を呼びに暗い山道を駆け出し，モチモチの木の灯を見ることができたのはなぜか」と投げかけ，豆太が勇気を出せた理由を考える。

### ●解決4

　子どもは，豆太がじさまを助けたからだと言うだろう。そこで，豆太の思いを裏付ける叙述を探す。また，じさまの豆太に対する思いも探す。二人は互いに「変わることのない深い愛情」を注いでいることを確認した後，それと呼応する叙述を探す。じさまの「人間，やさしさささえあれば，やらなきゃならねぇことは，きっとやるもんだ。」という言葉と豆太の変容をつなげ，作者が伝えたかった作品の心に触れさせる。

**「クマの風船」（東京書籍）**

# 物語の伏線をつなぎあわせて
# 関連するおもしろさを読む

┌─ **授業のポイント** ─────────────────────
　物語の「設定」の読みから「伏線」を辿る読みによって，シリーズ作品の謎解きのおもしろさを味わうことを目指す。
└──────────────────────────────────────

## ① この教材の特性と構造図

　この作品は，「ゆうすげ村の小さな旅館」全十二編の中の最終話で，「四月の話」である。教科書には，「ウサギのダイコン」と副題が付いた第一話（これは「五月の話」）が掲載されており，「クマの風船」は付録として載っている。

　二つの作品どちらとも，伏線をたどる読みによって，謎解きのおもしろさを味わうことができる。また，二つの作品の関連も伏線となっていることから，読み比べて，両作品の共通点や類似点を見つけ，関連するおもしろさや謎解きのおもしろさを実感することができる。また，収録されている十二編は物語の十二か月をつないでおり，併せて読むと，作品全体を通して仕組まれた仕掛け（伏線）に気づくことから，シリーズ作品を通して読むことのおもしろさに気づかせるファンタジー教材でもある。

┌─────────────────────────────────────────────────────
│
│　〈設定と人物〉　○中心人物…つぼみさん　　○対人物…熊井さん
│　○季節…四月半ばを過ぎたある夜　　○場所…ゆうすげ旅館
│
│　①四角いふろしきづつみを持った，大がらなわか者がやってきた。
│
│　「ぼくは，熊井っていいます。」（しもやけの薬を持って）
│
│　つぼみさんは，……口元に手をやって，くすっとしました。「宇佐見さんの畑，……後で行きますよ。……ウサギダイコンをもらいに……」
│
│　「もしかして，どこか遠くのお山に住んでいる……。」《熊井さんは，……口元に手をやって，くすっとしました。》
│
│　↓赤い風船
│
│　「この風船，電話を持っていない山の人たちには，とてもありがたがられているんですよ。」（手紙をとどけたい相手のことを，心から思ってふくらませてください。）
│
│　②よく日の午後　　去年の春とまった工事の人からの電話
│　（去年は，美月ちゃんが……。）（電話をするにも，あの子のところには，電話がなかったんだわ。山の畑まで行くしか……。）
│
│　（手紙を書いて，あの風船にたのんで，とばしてみよう！）
│
│　③よく朝　美月のことを思いながら風船をふくらませた風船の表面に，つぼみさんが美月の父親にかしている山の畑のウサギが立ち上がって畑のすみのほうを見ている。クマのすがた。二ひきそのそばには見おぼえのあるふろしきづつみ
│
│　《熊井さんの荷物だね。やっぱり，わたしが思ったとおり，熊井さんは……。》
│
│　「この手紙，美月ちゃんにとどけてちょうだいね。」もうすぐ，わか葉のかおるきせつです。
│
└─────────────────────────────────────────────────────

## 2 指導の流れ

### ●思考のズレを生むポイント

　題名から「クマの風船ってどんな風船？」という問いをつくり，それを解決していくための手立てとして，物語の伏線をつなぎあわせて，つぼみさんと熊井さんの不思議を解明していく。

### ●課題

　「クマの風船」ってどんな風船？

### ●思考のズレ

・若者がつぼみさんに差し出した赤い風船　お礼？

・手紙をつければ届けたい人の所にとんでいく魔法の風船

・電話を持っていない山の人たちにありがたがられている

### ●問い

　熊井さんがクマだとわかるのはどこ？　熊井さんはどうして風船を出したのかな？

### ●解決1

　まず，「クマの風船」の設定と人物を読む。そうすると，つぼみさん，熊井さんの他，工事のお客さん，美月（ウサギ）が登場するので，「ゆうすげ村の小さな旅館」とつながっている続き話だとわかる。そこで，「ゆうすげ村の小さな旅館」と比較して，関連をとらえさせる。「クマの風船」を中心として，「しもやけの薬だけ」「山に畑を持っている人」「ウサギダイコン」「まほうの風船」「工事の六人のお客さん」「つぼみさん」「手紙」等の関連を読んでいくと，二つの話の謎解きのおもしろさを味わう読みができる。

### ●解決2

　次に，熊井さんがクマだとわかる伏線を読む。ゆうすげ旅館のお客「熊井さん」について，つぼみさんは最初から少し疑いをもっており，それが結末部分で証明される。熊井さんがクマであることを類推させる叙述を探しながら，この証明の過程が伏線になっていることに気づけるようにする。

### ●解決3

　「ゆうすげ村の小さな旅館」が，五月の「ウサギダイコン」で始まり，四月の「クマの風船」で終わっている理由を考えさせる。この終わり方は，つぼみさんから美月へ「手伝いに来てほしい」と手紙を送ることによって，二人の再会について読者が想像を膨らませる展開になっており，この話がこれで終わりでないことを暗示し，この話をさらに面白くしている。美しく季節が巡り，最後にまた一話の美月が出てきて，新しい一年が始まる，この展開を読者は心地よく感じるものと思われる。クマの風船は，二人をつなぐ大事な役目をしていると気づかせたい。

**年**　「こわれた千の楽器」（東京書籍）

# 中心人物を探して読む

┌─ 授業のポイント ─────────────────────────────
　中心人物をとらえるために，それぞれの場面の視点の違いとその働きを糧とすることがポイントとなる。
└─────────────────────────────────────────

## ① この教材の特性と構造図

　この教材は，多くの部分が会話文で構成されている。特に，楽器たちの会話文が全体の多くの部分を占めている。登場人物は，月・こわれた楽器たち（チェロ・ハープ・ホルン・トランペット・たいこ・ビオラ・ピッコロ・もっきん・バイオリン・コントラバス・オーボエ・フルート）である。

　特に，この教材の特性は，始めと終わりに挟まれた額縁構造になっている。つまり，三人称限定視点の間に客観視点が挟まれている教材である。語り手は，始めと終わりでは，月に寄り添っている。そのため，始めと終わりでは，月の気持ちは語るが，楽器たちの気持ちは語らない。中は，いろいろな楽器たちの言葉を語るが，語り手が一つの楽器に寄り添って語ってはいない。あくまでも三人称客観視点で，楽器たちの気持ちは淡々と語る。寄り添っているのではない。月の気持ちの変化が語られている教材である。

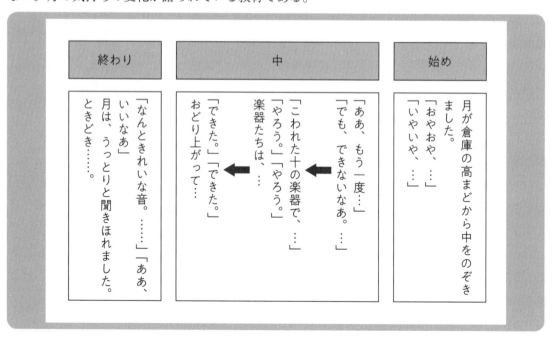

## ② 指導の流れ

### ●思考のズレを生むポイント

まずは，一文でこの作品世界を書き表してみる。

> 基本文型「(中心人物) が，(事件・出来事) によって (変容) する話。」で作品構造を表現する。

そのために，登場人物の中から，中心人物を特定する。特定する基準 (ものさし) が子どもたちによって異なるので，そこに思考のズレを生む。そこで，中心人物という学習用語の定義と額縁構造を手がかりにして，その問いを解決していく。

### ●課題

中心人物は，誰だろう。探してみよう。

### ●思考のズレ

・「楽器たち」という答えが返ってくる。確かに，中の占める範囲は多く，中心人物が楽器たちと考えるのだろう。

・「月」だと答える子が出てくる。理由は，始めと終わりに登場する人物と答えが返ってくる。

### ●問い

中心人物は，本当に「楽器たち」なのだろうか。

### ●解決1

まずは，中心人物が「楽器たち」という立場で，一文で作品を表してみる。

→「楽器たちは，心を一つにして毎日練習することによって，いきいきとした音楽ができた話。」

この一文では，「月」が存在しなくなってしまい，作品全体を表すことができない。今度は，「月」を中心人物にして一文を作る。

→「月が，楽器たちが練習しいきいきとした音楽を作ったことによって，うっとりと聞きほれる話。」

額縁構造の場合は，外と後の人物が，教材全体を俯瞰し，中の話を進める。中心人物を「月」にすることで，教材全体を俯瞰することになる。

### ●解決2

次に，語り手の視点で解決を試みる。語り手が誰に寄り添っているかを話し合う。すると，始めと終わりは三人称限定視点で，語り手は「月」に寄り添っている。始めと終わりでは，「月」の気持ちは語るが，「楽器たち」の気持ちは語らない。ただ，中は三人称客観視点で，「楽器たち」を淡々と語るが，一つの楽器に寄り添ってはいない。「月」の気持ちの変化を語っている。

# 語り手の視点を考える

**授業のポイント**

　誰が誰に言った言葉なのかを「問い」として，「視点」を手がかりとした解決に向かわせる。

## **1** この教材の特性と構造図

　本教材の特性は，二つある。一つ目は，設定が伏線になっていることである。始めの部分が人物設定と状況設定になっている。「ゆううつな日だ」という状況設定が，二つの伏線になっている。一つは，自分の足の遅さという伏線である。「びりまちがいなし」という中心人物の憂鬱さが変容前の状況設定である。もう一つは，「お母ちゃんが忙しくて運動会に来れない」ことでの弟けんじの心情を思う中心人物の心の揺れ動きである。特性の二つ目は，クライマックス部分を境に視点が一人称視点から三人称客観視点に変わっていることである。「ラストという言葉が，こんなにほこらしく聞こえた」という叙述から，「二人は走った」という表現に変わる。この瞬間，中心人物が自分の憂鬱さから解放され，笑いながら走り続ける俯瞰した見方・自立心をもつことができたのである。ここに作品の心がある。

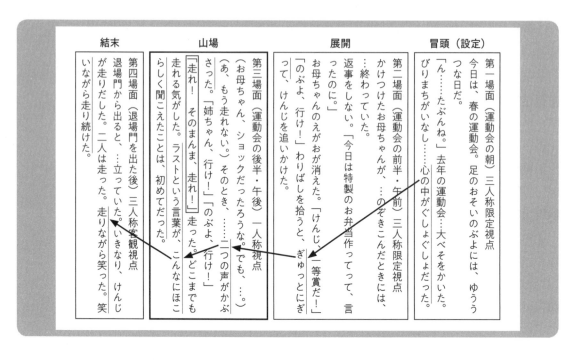

## ② 指導の流れ

### ●思考のズレを生むポイント

　まずは、「走れ」という題名について「誰の言葉？」という話題で話し合わせる。すると、「お母ちゃんの言葉」とか、「けんじの言葉」とか、「のぶよの言葉」とか、思考がズレる。「では、誰に向けた言葉なの？」と問うと、「お母ちゃんがわりばしに書いた言葉なので、のぶよとけんじに語った言葉」や「けんじが、のぶよに叫んだ言葉」、「のぶよが、自分自身に向けて語った言葉」という様々なズレが生まれる。

　そこで、本当に「走れ」という言葉は、どこに出てくるのか、本文に戻って探してみることにする。すると、「走れ！　そのまんま、走れ！」という三場面の一カ所しか出てこないことがわかる。

### ●課題

　題名「走れ」とは、誰の誰に向けた言葉なの？

### ●思考のズレ

・お母ちゃんが、けんじとのぶよに叫んだ言葉

・けんじが、のぶよに叫んだ言葉

・のぶよが、自分自身に向けて語った言葉

### ●問い

　「走れ！　そのまんま、走れ！」とは、誰の誰に向けた言葉なのだろうか？

### ●解決1

　まず、第三場面の語り手の視点について話し合わせる。第二場面までは、三人称限定視点であるが、第三場面は、一人称限定視点になっている。それまでは、「のぶよは」という主語が明確になっているが、第三場面は、地の文に「のぶよ」という主語がない。そのため、すべて「のぶよ」から見えた風景であり、感じた心の表現である。「そのまんま、走れ！」という言葉は、中心人物が自分自身に語った言葉であることがわかる。

### ●解決2

　一人称限定視点の「ラストという言葉が、こんなにほこらしく聞こえた」とは、なぜなのだろうか？　この問いが作品の心を考える重要な問いになる。「ほこらしさ」とは、何だろうか。そのために、「体にからみついていたいろんな思いが、するするとほどけていった。」という叙述を話し合わせる。そのことで、中心人物が今までの恥ずかしさや辛さから解き放たれ、家族の一員としての喜びに誇らしさを感じた一文なのである。

# こだわりから主題を読み取る

**授業のポイント**

教材の特徴「視点の転換」と「中心人物のこだわり」から，クライマックスを読んでいくことを目指す。

## 1 この教材の特性と構造図

本教材の特性は，三つある。

一つ目は，登場人物の行動の因果関係がつかみやすい。「ごん」と「兵士」の言動に着目して読んでいけば，なぜそうなったのか，因果関係がつかみやすい。特に，ごんがこだわっていたことは何かを考えることは，因果関係だけでなく，主題の読み取りにもつながってくる。

二つ目は，語り手の視点の転換が，効果的に用いられている。「ごん」の視点で語られてきた話が，結末部分で「兵十」へと転換する。視点の転換はクライマックスを迎えるきっかけとなる。

三つ目は，中心人物のこだわりから，主題に迫る読みを展開することができる。「ひとりぼっち」という中心人物のこだわりが，後悔から共感，共感から慕情へと変化していく。そのこだわりの変化が主題に繋がっている。

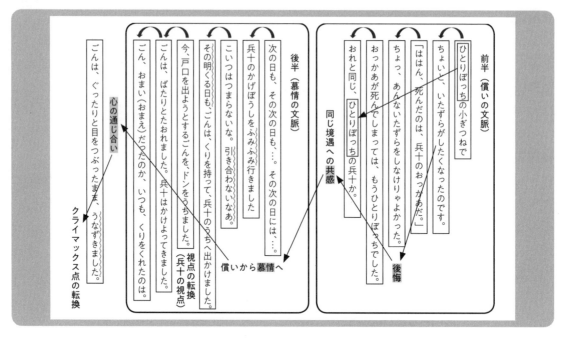

## 2 指導の流れ

●**思考のズレを生むポイント**

　課題に対しては，四つのズレが生まれる。それは，いくつかの文脈を流れているからである。一つは，後悔という文脈である。二つ目は，償いという文脈である。そして，共感という文脈である。そして，慕情という文脈である。この四つの文脈は，互いに因果関係が成立している。読み手は，後悔からの償いという文脈で読み進めるが，その文脈では読み進めることができず，戸惑ってしまうのである。その戸惑いが思考のズレを生むポイントになるのである。

●**課題**

　ごんが，こだわっていたことは何だろう。

●**思考のズレ**

・兵十のおっかあを死なせてしまったこと。

・一生懸命，償いをすること・兵十が大好きという気持ち。

・自分のことをもっと知ってほしいということ。

●**問い**

　ごんのこだわりと「ひとりぼっち」とは，どんな関係があるのだろうか。

●**解決1　「ひとりぼっち」に着目する**

　まず，六枚のカードの並び替えをする。三つの「ひとりぼっち」を比べて，誰の「ひとりぼっち」か話し合う。

> ①ひとりぼっちの小ぎつねで（ごん）②ちょいと，いたずらがしたくなったのです。③ははん，死んだのは，兵十のおっかあだ。④ちょっ，あんないたずらをしなけりゃよかった。⑤死んでしまっては，もうひとりぼっちでした。（兵十）⑥おれと同じ，ひとりぼっちの兵十か。（二人）

　⑥の「ひとりぼっち」は，兵十とごんの共通している部分で，ごんの共感的な心内語である。

●**解決2　第五場面の兵十の三つの言葉に着目する**

　①「えっ。」　②「そうかなあ。」　③「うん。」を比べて，その違いを考える。兵十の言葉を聞いているごんの心情を「へえ，こいつはつまらないな。」から話し合う。また「その明くる日も，…出かけた。」のはなぜか？　その問いを基に兵十を慕うごんの思いを読み取る。

●**解決3　クライマックス場面の視点の転換に着目する**

　「ごんは，ぐったりと目をつぶったまま，うなずきました。」の叙述とその前後との視点とを比べてみる。見えるものと見えないものを考える。この叙述は，ごんの心情が見え，ごんの心情が大きく変わった叙述で，まさしくクライマックスである。つまり，後悔から共感へ，共感から慕情へ，慕情から心が通じ合った喜びへの転換点なのである。

**4** 年

「プラタナスの木」（光村図書）

# 変わったものと変わらないものを考える

─ **授業のポイント** ─

　物語の設定・結末・伏線から「変わったものと変わらないもの」を比較して，中心人物の変容の読みを目指す。

## 1 この教材の特性と構造図

　冒頭の設定は，登場人物，場所，対人物の説明になっている。中心人物の説明がほぼない。中心人物については，「それにしても，木の根が……初めて聞く話だ」という心内語があるだけである。しかし，中心人物の変容がよくわかる。それは，登場人物と場所や状況の設定が丁寧に述べられているためである。

　次に，対人物の言葉や考え方が，中心人物の変容の伏線になっていることである。例えば，「おじいさんの言葉を思い出した。」とあるように，対人物の「もし，地上のみきや枝葉がなくなったら，……こまってしまうんだ。」という言葉が台風の過ぎ去った森の中で中心人物に蘇る。対人物の言葉で，切り株のプラタナスの上に立ったとき，「根にささえられている」という思いに変容したのである。

| 結末 | 山場 | 展開 | 冒頭（設定） |
|---|---|---|---|

結末

『ぼくたちのプラタナス公園は変わらない』。

みんなで両手を広げていると，木のみきや枝になったみたいだ。

「なんだか，根にささえられているみたいだよ。」

ある日　マーちんは，プラタナスの切りかぶの上に立ってみた。

第五場面（立ち入り禁止がとけたころ）

山場

「残った根っこはきっとこまっているんだろうね。」

大きなプラタナスは切りかぶだけ残して消えてしまった。

第四場面（新学期）放課後，四人はプラタナス公園に走った。

変わらない

変わった

展開

マーちんは，おじいさんの顔を思いうかべた。

大きな台風が森をおそった。

夏休みの半ば，祖父母の家にいた。家の周りには森が広がっている。

「お父さんのふるさとには，木がいっぱいあるだろう。」と，笑った。

第三場面（夏休み）　夏休みに入ってすぐ

冒頭（設定）

それにしても，木の根が……初めて聞く話だ。

枝葉がなくなったら，……こまってしまうんだ。」

「このプラタナスの木が公園全体を守っている。地上のみきや

第二場面（つゆ明けのころ）プラタナスの木の下にあるベンチにおじいさんがやって来た。

プラタナス公園とよばれている。・サッカーに熱中している。

いつも遊んでいる仲間は，花島君クニスケアラマちゃん

第一場面（四年生になったころ）

## 2 指導の流れ

### ●思考のズレを生むポイント

「ぼくたちのプラタナス公園は変わらない」という叙述を取り上げる。それは，この叙述が作品の心を表現しているからである。そして，その変わらない理由を問うことで，「思い出」と「木の根」と「自分たち」という観点で，その理由にズレが生まれる。

### ●課題

「ぼくたちのプラタナス公園は変わらない」とは，なぜ変わらないのだろうか？

### ●思考のズレ

・マーちんたちの思い出がつまっているから

・プラタナスの木はなくなっても，木の根が残っているから

・マーちんたちも木に支えられていると思ったから

### ●問い

変わらないものとは，何だろうか？

### ●解決1

変わったもの（「マーちんの心の変容」「プラタナスの木」）について表で読み取らせる。

| マーちんの心 | プラタナスの木 |
|---|---|
| 木の根がこまってしまうなんて，初めて聞く話だ。<br>↓<br>残った根っこはきっとこまっているんだろうね<br>↓<br>なんだか，根にささえられているみたいだよ。 | 大きな葉のプラタナスの木の下が，とてもよい日かげに<br>↓<br>プラタナスの木がなくなった<br>↓<br>プラタナスは切りかぶだけを残して消えてしまった。<br>おじいさんが姿を見せなくなった。 |

### ●解決2

「変わらないものとは，何か？」という問いについて話し合わせる。特に，目に見えるものと目に見えないものがあることを表で考えさせる。「春になれば」の叙述を手がかりに，見えないものに挙げられた内容について作品の心を話し合う。

| 目に見えるもの | 目に見えないもの |
|---|---|
| ボール遊びができるプラタナス公園<br><br>残った木のかぶ<br><br>残った根っこ | マーちんたちが遊んだ思い出<br>おじいさんとの思い出<br>マーちんたちのプラタナスの木の根への思い<br>マーちんたちの友情<br>おじいさんの木への思い |

その後，「ぼくたちのプラタナス公園」とは，どんな公園なのかを説明する活動を展開する。

# 題名から中心人物の変容を考える

┌─ 授業のポイント ─
「題名」の役割，意味から自分の村や家族の素晴らしさを再確認する中心人物の変容過程を読むことを目指す。
└─

## 1 この教材の特性と構造図

本教材の特性は，二つある。

まず，中心人物の変容が明確な物語である。物語前半のパグマンの村の素晴らしさは，語り手が村の様子やその中で楽しく暮らしているヤモの様子を説明している。その設定で説明されているパグマンの素晴らしさ，美しさを，町へ果物を売りに行くことで，ヤモが実感として本当にパグマンは素晴らしいと思う変容の過程が描かれている。

次に，題名の役割である。「パグマンはいいな。世界一美しいぼくの村」とあるように，中心人物ヤモの変容は，題名「世界一美しいぼくの村」に表現されていることである。特に留意したいことは，「ぼくの村」という言葉を使っていることである。家族そろって果物を取った思い出のある村，家族を大切にするヤモの思い，出征している兄ハルーンへの思いが入り混じっている大切な村なのである。

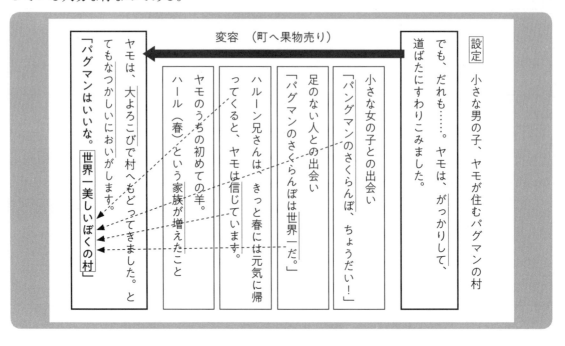

## ② 指導の流れ

### ●思考のズレを生むポイント

どんな出来事でパグマンが美しいと思えたのかを読むために，ヤモの町での行動，見た物，聞いたことを読んでいく。そこで，美しく思えた理由である出来事を問うことで，その理由に思考のズレが生まれる。

### ●課題

どんなことでパグマンはいいな，美しいと思えたのだろうか？

### ●思考のズレ

・小さな女の子に「パグマンのさくらんぼ，ちょうだい！」と言われたから。

・足のない人に出会い，「パグマンのさくらんぼは世界一だ」と言われたから。

・「兄さんならだいじょうぶ，来年の春には元気に帰ってくる」と信じられたから。

・ハール（春）という初めての羊の家族が増えたから。

### ●問い

・たった一日いなかっただけなのに，とてもなつかしいにおいがしたのは，なぜだろう。

・ヤモの「ぼくの村」とは，どんな村なのだろう。

### ●解決1

問い　たった一日いなかっただけなのに，とてもなつかしいにおいがしたのは，なぜだろう。

足のない人の「なつかしいな。」という言葉とヤモの「とてもなつかしいにおい」とを比べて，その違いを話し合わせる。その後，次のような発問をする。

㊀「家族がいるなつかしさは，どこからわかるの？」

・家族そろって，……もぎ取ります。

・ヤモも，兄さんのハルーンと競争で……取ります。

・でも，何だかむねがいっぱいになってきました。

家族や兄さんとの思い出が，ヤモのなつかしさになっていることを読み取るようにする。

### ●解決2

問い　ヤモの「ぼくの村」とは，どんな村なのだろう。

読み取ったなつかしさから，次のような発問をする。

㊀「美しい村」と「美しいぼくの村」とは，どんな違いがあるのだろう。

それは，果実が美味しい村ということだけでなく，ヤモの家族との思い出がたくさん詰まった村ということを読み取らせるようにする。

そのために，「ぼくの……の村」の……の部分に，言葉を補う活動をさせる。

**「初雪のふる日」（光村図書）**

# 読み手が感じる「こわさ」から，作品の論理を読む

— 授業のポイント —
作品の特徴「伏線のおもしろさ」「くり返しのリズム」「逆接の接続詞」から作品の論理を紐解く読みを目指す。

## 1 この教材の特性と構造図

本教材の特性は，三つある。

まず，伏線のおもしろさである。うさぎの登場，どこまでも続く石けりの輪，よもぎの葉とおまじない，だれも気づかない町の人々など，ファンタジーの世界を彩る様々な登場してくる事物と設定が伏線となって展開し，物語のおもしろさを演出している。

次に，くり返しが物語の展開のリズムをつくり，読み手が感じる怖さを演出している。特に，うさぎの歌とよもぎの歌がくり返されることによって，だんだん追い込まれていく女の子の危機感を演出している。

さらに，逆接の接続詞「が」や「けれども」が，読み手に怖さを感じさせる。逆接の働きが女の子の思いとうさぎが迫ってくる映像とを対比させ，くり返しがリアルな緊迫感と女の子の必死な心情とを演出しているのである。

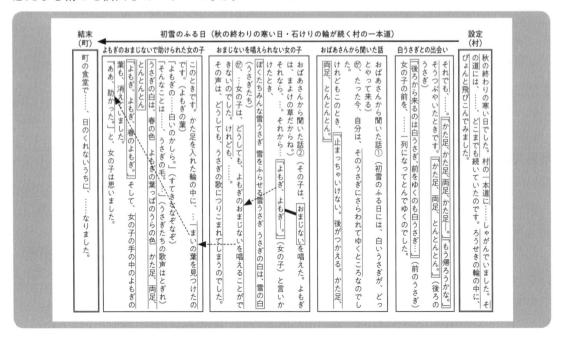

## ② 指導の流れ

### ●思考のズレを生むポイント

　読み手が感じる「こわさ」には，教材の論理が隠されている。その論理とは，リズムによる緊迫感と伏線の意外性である。それを解き明かすために，読み手が感じるこわさの理由を問う。その理由に思考のズレが生まれ，そのズレから内容的な問いをつくり，こわさを演出するリズムと展開の仕掛けを紐解いていく。

### ●課題

　この話の中で，「こわい」と思うことは，どんなところですか。

### ●思考のズレ

・白うさぎに一列になって追いかけられてくるところ
・よもぎのおまじないをなかなか唱えられないところ
・おばあさんから恐ろしい話を聞いたところ
・女の子がさらわれそうになって夢中で叫ぶところ

### ●問い

・うさぎにさらわれそうになる怖さや女の子の緊迫感は，どこから伝わってくるのだろうか。
・女の子が「ああ，助かった。」と思えたのは，どんなことがきっかけになっただろうか。

### ●解決１

問い　うさぎにさらわれそうになる怖さや女の子が感じる緊迫感は，どこから伝わってくるのか。

　女の子の緊迫感を感じさせるうさぎの歌のくり返しと逆接の接続語「けれども」「が」について話し合わせる。

㊫くり返されるうさぎたちの歌を聞いている女の子は，どんな気持ちで聞いているのだろう。

　「女の子は，急いで耳をふさぎました。が，うさぎの歌声はどんどん大きくなり，……」

　歌声に耳をふさぐ後にある「が」には，どうしても，よもぎのおまじないを唱えることができない女の子の焦る気持ちを表す逆接の接続詞の働きがあることを読ませる。

### ●解決２

問い　女の子が「助かった」と思えたのは，どんなことがきっかけになったのか。

㊫「よもぎ，よもぎ，春のよもぎ。」と叫んだ女の子は，うさぎに対してどんな思いだったのだろう。

　女の子の手の中から，よもぎの葉が消えた理由を考えさせる。初雪の怖いうさぎから，春の息吹を感じさせるよもぎのうさぎへと，女の子のうさぎ像が変容していくときに叫んだ歌である。その歌を歌えた女の子の思いに辿り着く過程を読み取るようにする。

**4** 年

# 始めと終わりを比べることで，どんでん返しのおもしろさを読む

― 授業のポイント ―
「町」と「中心人物」の二つの変容をとらえ，さらに二つの変容の関係をとらえた読みを目指す。

## 1 この教材の特性と構造図

　本教材の特性は，二つある。

　まず，大きな変容と小さな変容の二つの三部構成による二重構造が特性である。中心人物である王子様の変容とそれを囲むように町の人々や様子の変容が対比的に述べられている。中心人物は誰なのかを話し合うことで，町の変化を語る場面の間に，王子様の変容を語る場面があり，中がさらに三つの場面に分けられるという構成に気づかせる。次に，「どんでん返しのおもしろさ」である。始めに町の入り口に立っている看板と終わりの町の入り口に立っている看板の比較から生まれるどんでん返しの中身を読んでいく。その中身とは，ある街のたった一人のおくさんとだんなさんの思い付きで，世界でいちばん静かな町になるというどんでん返しである。このどんでん返しを読むためには，くり返しに注意して読ませるようにする。

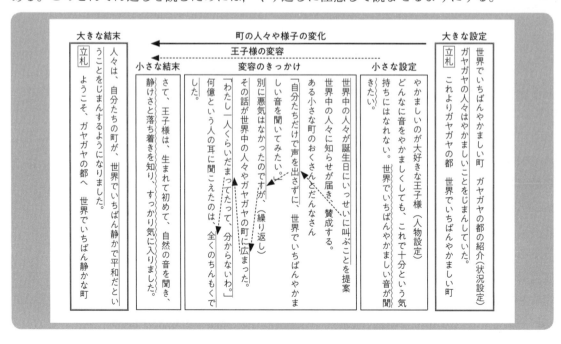

166

## 2 指導の流れ

**●思考のズレを生むポイント**

「(中心人物) が，○○○によって○○○になる話。」という一文で，このお話の世界をまとめさせる。すると，中心人物でズレる。王子様なのか，町の人々なのか，ガヤガヤの都なのか迷う。そして，始めと終わりを町の人々や立札で比べるのか，王子様の変容で比べるのかを検討することがポイントである。

**●課題**

一文でこのお話の世界を書き表そう。

**●思考のズレ**

・王子様が，生まれて初めて自然の音を聞いたことによって，静けさと落ち着きを気に入る話。
・世界中の人々が，やかましい音を聞くために耳をこらしたことによって，ちんもくの世界になった話。
・ガヤガヤの都が，王子様が静けさと落ち着きを知ったことによって，世界でいちばん静かで平和な町になった話。

**●問い**

・誰が中心人物なのだろうか。
・町の変化と王子様の変容とは，どんな関係になっているだろうか。

**●解決1**

**問い**　誰が中心人物なのだろうか。

変容している人物を発表する。王子様と町の人々であるが，変容という「原理・原則」だけでは解決しない。

㊵語り手は，王子様と町の人々のどちらに寄り添っているのだろう。

語り手の存在を意識させることがポイントである。語り手が王子様を中心に寄り添って語っていることに気づかせることで，中心人物がわかってくる。

**●解決2**

**問い**　町の変化と王子様の変容とは，どんな関係になっているだろうか。

㊵王子様が変容したことと，ガヤガヤの町が変化したこととは，どんな関係になっているのだろう。

小さな設定と変容 (王子様の変容)，大きな設定と変化 (町の変化) の二重構造を理解できるようにする。そのために，変容・変化の理由・原因がくり返しにあることを読み取るようにする。特に，「別に悪気はなかったのですが」のくり返しが，町と王子様の変容に関係し，「さて」のくり返しが，場面を対比的に扱い，二重構造の仕掛けになっていることに気づかせる。

**5** 年　「なまえつけてよ」（光村図書）

# 中心人物の変容をとらえる

― 授業のポイント ―
　中心人物の変容をとらえるために，くり返される「名前」と「なまえ」の表記の違いと役割が重要になる。

## 1 この教材の特性と構造図

　中心人物・春花の変容のきっかけは，勇太が贈った折り紙にある「なまえつけてよ」にある。
　この物語は，中心人物の変容のきっかけが題名になっており，物語の中では「なまえつけてよ」と「名前，つけてよ」が漢字と平仮名で書き分けられている。同じ内容でも表記が異なる二通りの表し方を比較することによって，それぞれが強調していることや，それぞれの言葉を言ったり書いたりした人物の心情を読み分けることができる。また，その表現効果を手がかりとして変容の内容を読ませることができる。
　春花の変容は，「勇太と親しくなるきっかけをつかめない春花が，紙で折った小さな馬をわたされることによって，勇太のやさしさに気付く話。」と一文で表現することができる。

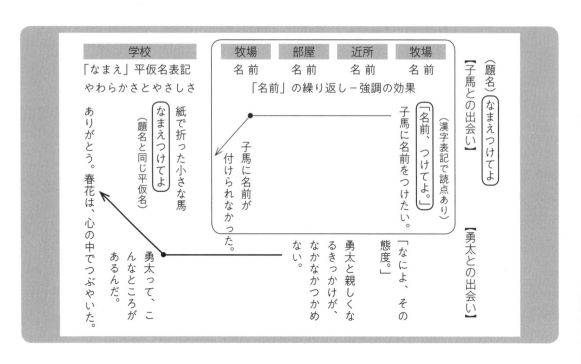

168

## ② 指導の流れ

### ●思考のズレを生むポイント

物語の中で，くり返される「名前」の効果もあり，子どもたちは，子馬の名前をつけるという展開を中心に読み，勇太との関わりの変化には，なかなか目が向かない。また，勇太の人物像をはじめは意地悪だったけど，最後には優しくなったと読む子どももいる。

単元のはじめには，中心人物の変容を一文で書き表す課題を出し，初読の段階で，子どもたち一人一人がどのように変容をとらえているかを把握する。また，そこで生まれたズレを生かし，解決する過程をつくる。

### ●課題

中心人物の変容を一文で書こう。

### ●思考のズレ

中心人物がどのように変わったかのとらえは，子どもたちの中で，大きく二つに分かれる。

・子馬の名前がつけられず，がっかりする。

・勇太のやさしさに気づいた。

### ●問い

春花は，何をきっかけにして，どのように変わったのだろう。

### ●解決１　中心人物・春花がどのような出来事を通して，どのように変容したのか，その因果関係を明らかにする

それぞれが書いた一文を基に，はじめと終わりの中心人物について，時系列に整理し，どんな出来事をきっかけにして，どのように変容したのかをおさえる。終わりの春花「ありがとう。春花は，心の中でつぶやいた。」から逆思考で考えていくこともできる。

### ●解決２　「名前，つけてよ」と「なまえつけてよ」を対比して，表記の効果から変容の内容をとらえる

春花の変容のきっかけが，勇太が折り紙の馬に「なまえつけてよ」と書いてあったことと子どもが答えたところで，意図的に「名前，つけてよ」と板書する。子どもたちは，次々に平仮名で「なまえつけてよ」だよと指摘するだろう。「名前，つけてよ」と「なまえつけてよ」を対比させ，題名とのつながりに着目させることで，平仮名表記や読点がない効果を考えさせていく。どうして勇太は「なまえ」と平仮名で書いたのか，どうして読点をつけなかったのかといったことを考えることで，勇太の優しさや春花に対する心情を読み取ることができる。

# 「くり返し」に着目して，物語の構造と変容をとらえる

**授業のポイント**

「町の変容」と「王子の変容」という二つの変容の関係をとらえ，中心人物の変容を読むことを目指す。

## ① この教材の特性と構造図

　この作品は，中心人物のギャオギャオ王子の変容と，ガヤガヤの町の変容とが二重構造となって描かれている。

　物語の中では，ギャオギャオ王子の変容とその要因が描かれ，物語の外側では，町の人々の様子やアヒルの鳴き声，家の戸，おまわりさんの笛，立て札が，はじめと終わりで「くり返し」描かれ，変化を際立たせている。

　二つの変容のきっかけは，一人のおくさんの「別に悪気はなかった……」考えが，「くり返し」伝えられ，「世界でいちばんやかましい音」を聞きたい思いが広がったことにある。しかし，それが，結果的に題名とは正反対のことにつながり，どんでん返しの結末となる。

　作品構造と密接に関わる「くり返し」に着目することで，物語に仕掛けられた伏線や対比の効果を読み取り，物語の構造と変容をとらえることができる作品である。

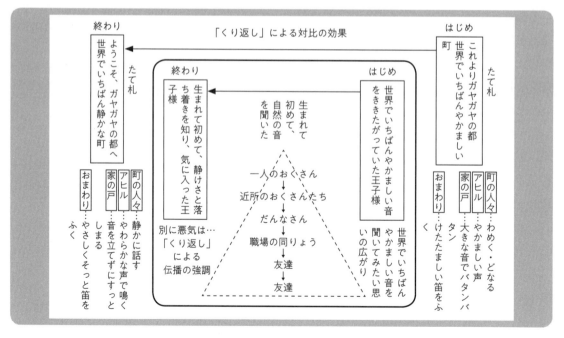

## ② 指導の流れ

### ●思考のズレを生むポイント

物語の「はじめ」と「終わり」で変わるものは，多様にある。

「町の人々の話し方」「アヒル」「家の戸」「おまわりさんの笛」「立て札」は見事に対応し，変化を描いている。このような町の様子の変容に着目する子どもたちがいる一方で，中心人物であるギャオギャオ王子の変容に着目する子どもたちがいる。

変わったものは何か，どうして変わったか，なぜそうなったか，といった因果関係をとらえる中で，物語の構造と変容をとらえさせていく。

### ●課題

物語の中で，変わったものは何だろう。

### ●思考のズレ

・中心人物のギャオギャオ王子の心情の変化
・町（町の人々・アヒル・家の戸・おまわり）の様子の変化

### ●問い

・誰が，どのように変わったのだろう。
・何をきっかけにして変わったのだろう。

### ●解決1　「はじめ・中・終わり」の三つの大きなまとまりに分け，物語の構造をとらえる

物語全体を三つに分けることにより，中心人物の王子様の変容と，ガヤガヤの町の変容とが二重構造となっていることをおさえていく。

また，はじめと終わりの町の様子の変化に着目させ，それらを比較することにより，「くり返し」描かれている対比の効果に気づかせていく。対比的な表現を比較する中で，立て札の「ようこそ」から，王子様を含む町のすべての人々の心持ちも変わったことに気づく子もいるだろう。

### ●解決2　中心人物の変容とその要因をとらえる

王子様の変容のきっかけは何だったのか，どうして変わったのかを読み取っていく。一つの場面の中でくり返される「別に悪気はないけれど……」は「世界でいちばんやかましい音」を聞きたい思いの広がりを強調している。「自分だけなら」という，このよくない行為の広がりが，王子様をよい方向に変化させる。この因果関係を確かに読み取ることで，子どもたちは，作品のおもしろさをさらに感じることができる。

# 象徴的な表現を関係付け，人物の変容を読む

**授業のポイント**

作品の題名を使った課題によって，子どもの困った感からの「問い」をつくり，その解決を目指す。

## 1 この教材の特性と構造図

　本作品は，様々な出会いの中で揺れ動く人物の心情の変化を，一人称「綾」を語り手として描いている。ダッシュの後にある心内語（疑問や驚き）や，情景描写が多彩に使われ，「綾」の戦争や平和に対する気づきや思いの変化が巧みに表現されている。

　中心人物「綾」は，おばあさんとの出会いをきっかけに変容する。「ただの名前でしかなかった人々」「数でしかない人々」が，最後の場面で，川の風景を見ながら一日を振り返ることで，具体的な「おもかげ」をもって「綾」の心の中に浮かび上がってくるようになる。

　象徴的に表現されている「ただの名前」「数」「きれいな川」などを「綾」の変容と関係付けて読むことで，題名「たずねびと」に込められたメッセージが浮き彫りになってくる。

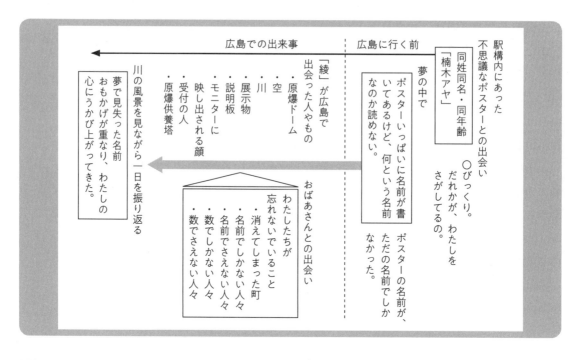

## ②　指導の流れ

### ●思考のズレを生むポイント

　物語「たずねびと」は，「綾」が同姓同名の「アヤ」をたずねるだけの話ではない。「綾」にとっての「たずねびと」は，広島で出会ったすべてのものや人である。それは，消えてしまった町であり，名前や数でしかない人々のことである。中心人物「綾」の変容をとらえるには，象徴性や暗示性の高い表現に着目し，それらを意味付け，中心人物の変容と関連付けて読む必要がある。

　題名「たずねびと」が示すものは何か，中心人物の変容を読み取る中で，とらえさせていきたい。

### ●課題

　誰が，誰をたずねるの？

### ●思考のズレ

・「綾」が「アヤ」をたずねる。

・「綾」が「おばあさん」をたずねる。

・「綾」が「名前でしかない人」をたずねる。

### ●問い

・「綾」の「たずねびと」は，どんな人なのかな。

・たずねて，「綾」はどのように変わったのかな。

### ●解決1　中心人物の変容とその要因をとらえる

　「綾」の変容のきっかけは何だったのか，どのような変化があったのかを，物語全体から読み取っていく。まずは，中心人物の変容を一文で表現させる。一文は，「はじめ…だった『綾』が…によって，終わりには…になる話。」とまとめさせる。書けない子どもには，わからない部分に「？」を書かせたり，友だちとの意見の違いを明確にしたりする。

　変容のきっかけは，「おばあさん」との出会いにある。そこでの綾の気づきをとらえさせる。

### ●解決2　象徴的な表現を意味付け，中心人物の変容と関連付ける

　「綾」の心情の変化は，最後の場面を読んだだけではわからない。「名前でしかない人々」や「数でしかない人々」が，何を意味しているのかを，はじめの場面と関連付けて比較して読ませていく。また，橋をわたったときの「きれいな川」が，最後の場面では，どのようにとらえ方が変わったのかも読ませていきたい。このように読み取った中心人物の変容を基に，題名「たずねびと」に込められたメッセージについて表現させていく。

# 「くり返し」描かれる人物像をとらえる

― 授業のポイント ―
「題名」の意味と「ファンタジー構造」から，人物像をとらえて作品のメッセージを読んでいくことを目指す。

## 1 この教材の特性と構造図

　本作品は，二人の紳士の言動を中心に展開されるファンタジー作品である。二人の紳士は，山猫軒での注文を自分の都合のいいように解釈し，山猫の罠に見事にはまってしまう愚かで自分勝手な人物像として描かれる。

　ファンタジーの非現実世界の中でくり返される「人間の愚かさや欲深さ」は，戸に書かれた注文と二人の紳士と山猫との関係から，中心人物の人物像として具体的に浮かび上がってくる。

　また，ファンタジー構造と中心人物の変容に着目することで，その人物像は更に強調される。非現実世界で起こった出来事でありながら，二人の紳士の紙くずのようになった顔は元に戻ることはない。最後の一文にある「顔だけ」に込めた人間の愚かさを徹底的に風刺する作者の意図やその効果から，作品のメッセージを考えることができる。

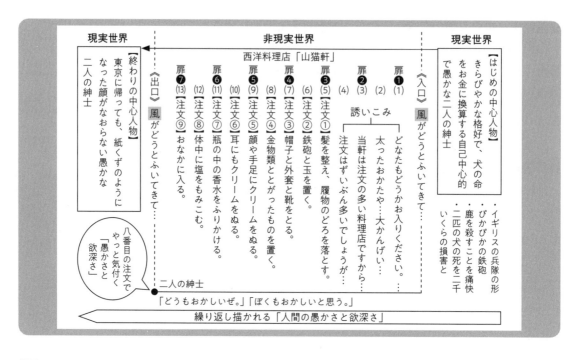

## ② 指導の流れ

### ●思考のズレを生むポイント

　着目したいのは，題名にある「注文」である。どんな注文がいくつあったか，誰が注文しているのか，二人の紳士は，どの注文で山猫の罠に気づいたのか，それらをまず，正確に読むことが，中心人物の人物像を読み深めていく上で大切となる。

　子どもたちの「注文」の数え方の違いからズレを生み出し，山猫軒での設定と注文の内容について正確にとらえさせる。そして，戸に書かれた言葉の意味と二人の紳士の身勝手な解釈を読む必然性をつくる中で，中心人物の人物像にせまっていく。

### ●課題

　「注文の多い料理店」では，いくつの注文があったか。

### ●思考のズレ

・十三個（戸に書かれた文字の数）

・七個（戸の数）

・九個（山猫からの注文の数）

### ●問い

・どんな注文がいくつあったのかな。

・二人の紳士は，どの注文で気づいたのかな。

・どうして，二人は最後まで気づかなかったのかな。

### ●解決1　非現実世界の設定を正確に読み，中心人物の人物像をとらえる

　まず，戸に書かれた十三の言葉を整理し，注文が戸の表と裏に書いてあることや，戸を開き，閉め，また開き，どんどん罠にはまっていくという設定を正確に読む。そして，二人の紳士がどこで注文の本当の意味に気づいたのか，どうして二人は最後まで気づかなかったのかを問う中で，中心人物の人物像を具体的にとらえさせていく。また，山猫の愚かさと比較することを通して，二人の紳士の愚かさに対する解釈を深めていく。

### ●解決2　物語全体を通して「くり返し」描かれる人物像から作品のメッセージを意味付ける

　「現実―非現実―現実」と展開されるファンタジー構造をとらえ，物語を大きく三つに分ける。はじめと終わりで二人の紳士は変わったのか，変わらなかったのかを問う。はじめから終わりまで変わらず「くり返し」描かれる二人の紳士の人物像から「人間の愚かさや欲深さ」，「それらは変わるものではない」といったことを基に作品のメッセージをまとめていく。

「雪わたり」（教育出版）

# 中心人物の変容を考える

授業のポイント

情景描写，擬音語，擬態語，リズムのある歌のくり返しから，人と狐の共生への願いを読むことに迫る。

## 1 この教材の特性と構造図

「雪わたり」には色彩豊かで比喩表現を多用した自然の美しい情景描写がたくさん出てくる。また擬態語・擬音語や五七調のリズムカルな歌と足踏み表現からも物語の楽しい雰囲気が伝わってくる。しかし思わず「釣りこまれる」このようなリズムのある言葉の内容を読むと，それらは決して「楽しい」ものではなく，厳しい内容である。

この物語の前提には，森に住む狐と里に住む人間，大人と子供の二項対立緊張関係が存在している。狐と人の両者は別々の世界で生き，大人同士の世界においては決して相容れない関係である。しかし四郎とかん子が狐を信じて団子を「食べた」ことにより，狐の生徒たちは，たとえ人間によって死を迎えてもこの御恩を忘れないという感動に繋がり，その感動は四郎・かん子の心にも響く。人と狐の共生への願いが込められた賢治らしい作品である。

きつね（森） ← 野原　雪わたり → 人間（里）

気象条件：雪が凍った、またとない面白い日。好きな方へどこまでも行ける。
はやし歌：「かた雪かんこ、しみ雪しんこ。」

| 第三 | 第二 | 第一 | | 幻灯 |
|---|---|---|---|---|
| あなた（四郎）達のおうち | 野原 | | 野原 | 場所 |
| こん助（きつね）の子 | こん兵衛（きつねの子） | 清作（人間の若い者） | 太右衛門（人間の）おじいさん | 誰が |
| 焼いた魚を取ろうとしておしりに火がついた。 | 左の足をわなに入れ、こんこんばたばた | 酔ってほおの木の葉でこしらえたお椀のようなもの（野原のおそば）13杯食べた。 | 酔って何かおかしないもの（野原のまんじゅう）38個食べた。 | どうした |
| きつねの子に対して「火をつけべつすべからず」 | きつねの子に対して「わなに注意せよ」 | | 人間の子に対して「お酒を飲むべからず」 | 教訓 |

## ②　指導の流れ

### ●思考のズレを生むポイント

　音読をすることで，リズムカルな表現方法が生み出す「雪わたり」の楽しさを味わってほしい。しかしその楽しさの裏側にある狐と人間との緊張関係をとらえさせるために，きつねのこだわりが何だったのか，どうしてこだわっていたのか幻灯会の真の目的を考えさせたい。

### ●課題

　「幻灯会」はなぜ十一歳までなのでしょうか。

### ●思考のズレ

・きつね小学校（子どもだけ）の幻灯会だから。

・満十二歳から大人料金を払うから。

・大人は嘘ついたり人をねたんだりきつねを悪く言うから。

### ●問い

　なぜ四郎とかん子は涙を流したの？

### ●解決１　どこを「雪渡り」するのか，位置関係をとらえる

　（その一）では，最初二人は「森へ向いて」叫んでおり，紺三郎は「森の中」から出てくる。三人はおどりながら「林の中」に入り鹿の子を呼ぶ。銀の雪をわたっておうちに帰る。（その二）では，二人は「森の入り口」で入場券を出して「林の奥」を手で教えられる。林の中の空き地で幻灯会は行われ，二人は「森を出て，野原に行き」，野原の真ん中で兄さんたちに出会う。つまり狐は森の住人であり，野原が境界線で里が人間の住む所と世界が分かれていて，二人はその間を「雪わたり」するのである。甚兵衛の話や幻灯の四枚の場所を確認することで，互いの領域に侵入する際に，事件（幻灯の内容）が起きていることに気づかせたい。

### ●解決２　二人の涙から幻灯会の目的を読みとる

　第一の幻灯は野原で酔った大人が野原のまんじゅう・そばを食べた内容であり，人間の子供への教訓である「お酒を飲むべからず」が掲げられる。その直後に団子が出される。紺三郎の閉会の辞から逆志向で考えると「少しもよわない人間のお子さん」がきつねの団子を食べるか試されていたことがわかる。二人が「決心」して食べたことで狐の子たちは「体をさかれてもうそ言うな」「こごえてたおれてもぬすまない」「体がちぎれてもそねまない」という最後の二枚の幻灯に繋がる壮絶な決意宣言を歌うのである。自分たちが狐を信じて食べた行為が狐の子たちの心を大きく動かしたことに二人は感動して涙をこぼしたという因果関係をとらえさせたい。そして狐にとって幻灯会の目的は「狐に対する意識変化」であったことを読み取らせたい。

「大造じいさんとガン」（光村図書）

# 視点の転換からクライマックスをとらえ，中心人物の変容を読む

**授業のポイント**

「視点の転換」という教材の特徴から「クライマックス」をとらえて中心人物の変容を読むことを目指す。

## 1 この教材の特性と構造図

　この物語には，ガンを捕って生活する狩人の大造じいさんと，残雪と呼ばれるガンとの三つの戦いでの知恵比べが描かれている。残雪が沼地にやってくる毎年秋に，大造じいさんが仕掛けるそれぞれの作戦に着目し，その作戦に対する大造じいさんの意気込みや，作戦後の残雪に対する思いを読むことは，中心人物の気持ちの変容をとらえるために大事なことである。同時に，この教材では，美しい情景描写によって，大造じいさんの心情が多く表現されている。行動や会話からだけでなく，情景描写からも中心人物の変容をとらえていくことができる作品である。さらに，残雪が仲間を守るためにハヤブサと戦う場面では，大造じいさんから残雪への視点の転換がある。語り手の視点の転換の後を読むことで，クライマックスをとらえられることにも気づかせていきたい。

| 前話 | はじめ | ①戦 | ②戦 | ③戦 | 終わり |
|---|---|---|---|---|---|
| 栗野だけのふもと　大造じいさんの家　七十二さい　元気な老かりゅうど　話し上手の人　今から三十五、六年も前　ガンがりの話を土台 | 残雪…ガンの頭領らしい　なかなかりこうなやつ　油断なく気を配っている　残雪のことをいまいましく思っている大造じいさん | タニシを付けたうなぎつりばりの作戦　一羽の生きているガンが手に入った。たかが鳥→「ううむ。」感嘆の声　たいしたちえをもっているものだな。 | タニシをばらまき小屋からねらう作戦　またしても、残雪のためにしてやられてしまった。「ううん。」と、うなってしまった。 | おとりのガンを使う作戦　いかにも頭領らしい、堂々たる態度　大造じいさんは、強く心を打たれて、ただの鳥に対しているような気がしませんでした。【クライマックス】 | 残雪のことをガンの英雄、えらぶつと認め、また堂々と戦いたいと思う大造じいさん |
| | 秋の日が美しくかがやいて | あかつきの光が、小屋の中にすがすがしく流れこんで | 東の空が真っ赤に燃えて、羽が白い花弁のように、すんだ空に飛び散り | らんまんとさいたスモモの花…雪のように清らかに… | |

178

## ②指導の流れ

### ●思考のズレを生むポイント

　教材の特性として，大造じいさんの心情を表す言葉や会話文，行動，情景描写が多く含まれている。そのため，心情が大きく変わったところを問うと，思考のズレが生じることが予想される。

### ●課題

　大造じいさんの心情が，大きく変わったところ（クライマックス）はどこか。

### ●思考のズレ

・「が，なんと思ったか，再びじゅうを下ろしてしまいました。」

・「強く心を打たれて，ただの鳥に対しているような気がしませんでした。」

### ●問い

・大造じいさんの心情はどう変わったのか？

・大造じいさんの心情はなぜ変わったのか？

・大造じいさんの心情の変化はどんな表現からわかるのか？

・大造じいさんの心情が大きく変わったところ（クライマックス）は？

### ●解決1

　まず，「物語の最初と最後で，大造じいさんの心情がどう変わったか。」を読んでいく。そうすると，残雪のことをいまいましく思っている大造じいさんが，最後にはガンの英雄やえらぶつと認め，また正々堂々と戦いたいと思うように変化していることがわかる。

### ●解決2

　そこで，「中心人物のこだわっていることは何か」について考える。残雪をいまいましく思い，勝ちたい，とらえたいという「こだわり」から様々な作戦を考え，それらの作戦を重ねるごとに高まっていく大造じいさんの意気込みや，作戦後の残雪への思いを，心情を表す言葉や会話文，行動から読み取っていく。その際，「東の空が真っ赤に燃えて……」といった描写の必要性を考えることで，そこからも大造じいさんの「こだわり」に対する思いを読み取ることができることをとらえられるようにしていく。

### ●解決3

　最後に，大造じいさんの心情が大きく変わったところ（クライマックス）はどこか考える中で，残雪がハヤブサと戦う場面で視点の転換があることに気づかせていく。語り手の視点の転換後にクライマックスがあるという「原理・原則」を基に，そこから主題を考えることにもつなげていく。

## 6年 「帰り道」（光村図書）

# 「行こっか。」「うん。」は，誰の言葉だろう

**― 授業のポイント ―**

　視点人物の違う二つの話であるが，最後の二人の会話がどちらの言葉かを考えることで，何がどのように変わったのか，それぞれの変容を読むことにつながる。

## 1 この教材の特性と構造図

　本教材は，同じ出来事を共有した二人の視点から書かれた二つの物語である。一人称視点という語り方は，中心人物の主観で書かれるので，同じ出来事を共有していても感じ方がそれぞれ異なるというおもしろさを感じられる。〈プロット〉を〈ストーリー〉にして並べてみると，二人の語り始めの「現時点」が異なることも見えてくる。最後の「行こっか。」「うん。」だけが，二つの物語に共通の会話文である。これは誰の言葉かを考えることで，二人の変容，最後の一文の役割の違い等が見えてくる。「律」視点の物語の最後の一文は行動描写である。「周也」視点の物語の最後の一文は心内語である。「遊歩道」の場面での心内語の数を比べると，「周也」の方が多い。「律」を受け止めようとしている「周也」が，「律」に「行こっか。」と言われ，「うん。」と受け止めたと解釈するのが妥当である。

| 場所 | 〈プロット〉 → 〈ストーリー〉 | | |
| --- | --- | --- | --- |
| | | 「律」視点の一人称 | 「周也」視点の一人称 |
| （母の）小言 | | …ぼくだけついていけなかった。 | 「…相手の言葉を受け止めて、それをきちんと投げ返す…」 |
| 昼休みの教室 | | 「どっちも好きってのは、どっちも好きじゃないのと、いっしょじゃないの?」 …みぞおちの辺りにずきっとした。 | …みぞおちの辺りにずきっと。 まずい、と思うも、もうおそい。 |
| 玄関口 | | …はてしなく遠く感じられる。 | 野球の練習を休んでまで気まずいちんもくにたえられず、またべらべらとよけいなことばかりしゃべっている…。 |
| グラウンド | | 周也とぼくとの間に、きょりが開く。広がる。 | 背中に感じる気配は冷たくなるばかり。たしかに、ぼくの言葉は軽すぎる。でも、いい球って、どんなのだろう。逆に、足は…スピードを増していく。 |
| 大通りの歩道橋 | | 周也は、これからもずっと…ぐんぐん前へ進んでいくんだろう。 どうして、ぼく、すぐに立ち止まっちゃうんだろう。…みぞおちの辺りが重くなる。 もうだめだ。追いつけない。ぼくがつくと、みぞおちの異物が消えてきた。今、言わなきゃ、きっと二度と言えない。周也は…それから、こっくりうなずいた。 | …言葉が出ない。 やっぱりこの静けさが大の苦手だった。律もいっしょに笑ってくれたのがうれしくて、…こんなときにかぎって…、だまってうなずくだけ。なのに、なぜだか律は…ぼくにうなずき返したんだ。 |
| 市立公園内の遊歩道 | | 「行こっか。」「うん。」 ぬれた地面に…、ぼくたちはまた歩き出した。 | 「行こっか。」「うん。」 律…よゆうが見てとれる。投げそこなった。でも、…受け止められたのかもしれない。 |

## ② 指導の流れ

### ●思考のズレを生むポイント

　分析図からもわかるように，「律」視点と「周也」視点の二つの話に共通する会話文は，「行こっか。」「うん。」だけである。そこに気づくと，その会話が強調されていることがわかる。学習課題は，「AかBか」という課題であるので，子どもの認識のズレは顕在化する。

### ●課題

　「行こっか。」「うん。」は，誰の言葉だろう。

### ●思考のズレ

・「行こっか。」→律の言葉？　周也の言葉？

・「うん。」→律の言葉？　周也の言葉？

### ●問い

　何を基に判断すればはっきりするだろう？

### ●解決1　二人の変容をとらえよう

　この段階では，子どもは，次のように律と周也の〈変容〉をとらえると考えられる。

【律】思っていることが言えないことを悩んでいた律が，通り雨でお互い笑い合うことで，思っていることを言えた。

【周也】相手の言葉を受け止めてそれをきちんと投げ返すことができなくて悩んでいた周也が，通り雨でお互い笑い合うことで，律の言葉を受け止めることができた。

### ●解決2　二人は相手のことをどう見ているのか確かめよう

　二人の〈変容〉からだけでは，課題に対する答えは決まらないので，相手のことをどう見ているかを確かめる活動を行う。解決1，解決2を通して，物語の〈共通の土俵〉を子どもたち全員が共有することになる。

### ●解決3　出来事，会話文，心内語を時系列に沿って並べてみよう

　二人の〈こだわり続けていること〉は何だろう？

　構造図のように，主な出来事，会話文，心内語を時系列に並べると，二人の〈こだわり〉が見える。すると，「周也」の変容の〈きっかけ〉は「通り雨で笑い合ったこと」ではなく，「律もいっしょに笑ってくれた」ことであることがわかる。「周也」は「律」の言葉だけでなく，「律」の心も受け止められたのである。「律」と「周也」の変容の〈きっかけ〉の違いと，「行こっか。」の前の文「なのに，なぜだか……うなずき返したんだ。」に着目すると，「うん。」と受け止めたのが「周也」であると解釈できる。

　この活動から，二人がどのように互いに影響を与え合い，自分を見つめたかを深く読むことができる。

**6 年**

# 太一は，いつ，自分が「村一番の漁師」だと気づいたの？

**── 授業のポイント ──**
中心人物の言動から変容をとらえるための「問い」を設定し作品の主題に迫るための読みを目指す。

## 1 この教材の特性と構造図

本教材は，「この魚をとらなければ，本当の一人前の漁師にはなれないのだと，太一は泣きそうになりながら思う」から「こう思うことによって，太一は瀬の主を殺さないですんだのだ」までの変容の理由が書かれていない。そこを想像することが本教材の魅力となる。おとうと与吉じいさの生き方を対比することで妥当性の高い理由が見えてくる。「おとうといっしょに海に出るんだ」と言ってはばからなかった太一は，父が死んだ後も父の背中を追って生きる。「本当の一人前の漁師」とは父のような漁師を意味する。父が果たせなかったことを自分が果たせる場面に出会った時，父の行為は与吉じいさの教えに逆らう行為であることに気づいてしまう。太一は，父がクエと共にここにいると考えることによって，「おとうといっしょ」も「千びきに一ぴき」も大切にして生きることができるようになったのである。

| 終わり | 瀬の主 | 母 | 与吉じいさ | 父 | はじめ |
|---|---|---|---|---|---|
| おだやかで満ち足りた母<br>**太一は村一番の漁師であり続けた。**<br>巨大なクエを岩の穴で……生がいだれにも話さなかった。 | 「おとう，ここにおられたのですか。」<br>こう思うことによって、太一は瀬の主を殺さないですんだのだ。<br>この魚をとらなければ、……太一は泣きそうになりながら思う。<br>**青い宝石の目** | 「おまえが、おとうの死んだ瀬にもぐると、おまえの心の中が見えるようで。」 | 「千びきに一ぴきでいいんだ。……」<br>**自分では気づかないだろうが、**おまえは村一番の漁師だよ。 | 父はロープを体に巻いたまま<br>**光る緑色の目をしたクエ**<br>ち一ぴきをつれば、千びきいるう | 「ぼくは漁師になる。<br>**おとうといっしょに海に出るんだ。**」 |

## ②指導の流れ

### ●思考のズレを生むポイント

「おとう，ここにおられたのですか」と思うことによって，なぜ，太一は瀬の主を殺さないですんだのかは明確に書かれていない。そこに思考のズレが生まれる。

### ●課題

「こう思うことによって，太一は瀬の主を殺さないですんだ」のは，なぜ？

### ●思考のズレ

・おとうを打つことはできないから，そう思えば瀬の主を打たなくてすむからかなあ。

・太一は，瀬の主を打ちたかったんじゃないの？

### ●問い

太一の言う「本当の一人前の漁師」とは何だろう？

### ●解決１　太一は，いつ，自分が「村一番の漁師」だと気づいたの？

・「おとう，ここにおられたのですか」と思えたとき。

・与吉じいさの言う「村一番の漁師」と太一の言う「本当の一人前の漁師」ってどこが違うの？

### ●解決２　おとうと与吉じいさを比べてみよう

・「海のめぐみだからなあ」と「千びきに一ぴきでいいんだ」は似ている。

・「ロープを体に巻いたまま」からは，おとうの虚栄心や功名心が見える。瀬の主を打とうとしたことは，「千びきに一ぴき」とは違う。

### ●解決３　太一のこだわり続けたものは何？

・「おとうといっしょに海に出る」こと

・おとうのようになること

### ●答え

〈問い〉に対する〈答え〉は，太一の言う「本当の一人前の漁師」と，与吉じいさの言う「村一番の漁師」の違いを明確にすることで見えてくる。前者はおとうのような漁師であり，後者は「千びきに一ぴき」を守って暮らす漁師である。この違いと太一の「こだわり」から，〈課題〉に対する次のような考えが生まれる。

・父がクエと共にここにいると考えることによって，自分が子どもの時から大切にしてきた『おとうといっしょに海に出る』も，与吉じいさから教わった『千びきに一ぴき』も両方大切にして生きることができるようになったから。

「やまなし」（光村図書）

# 「私の幻灯」の「の」はどういう意味だろう？

┌─ 授業のポイント ─

　作者の願いと登場人物の関係のズレに気づかせ，「額縁構造」と比較の読みからその解決を目指す。

## 1 この教材の特性と構造図

　本作品は基本的な構成をとらえることが大切である。〈はじめ〉と〈終わり〉が一人称視点，〈中〉が「五月」と「十二月」の三人称限定視点で構成されている。〈はじめ〉の「二枚の幻灯」，〈終わり〉の「私の幻灯」に着目すると，「二枚の幻灯」は〈中〉の「五月」と「十二月」を指すこと，「私の幻灯」は作者宮沢賢治が大切にしている生き方を指しているととらえることができる。昼間の華やかな黄金の世界の「五月」では，「魚」が「クラムボン」の命を，「かわせみ」が「魚」の命を奪う。その度に，日光の黄金はめちゃくちゃになり，かにの兄弟に恐怖を与える。夜の青白い落ち着いた世界の「十二月」では，「やまなし」が黄金にぶちを光らせいいにおいを醸し出し，かにの兄弟に安らぎと幸せを与える。「生を全うすることで他者を幸せにする生き方が大切である」という作品の主題が読める。

小さな谷川の底を写した、二枚の青い幻灯です。

一　五月
一ぴきの魚が頭の上を過ぎていきました。
「クラムボンは死んだよ。」
「何か悪いことをしてるんだよ。取ってるんだよ。」

青光りのまるでぎらぎらする鉄砲だまのようなものが、……その青いものの先が、コンパスのように……見ました。

二　十二月
二ひきはまるで声も出ず、……しまいました
白いかばの花びらが、……すべってきました。

黒い丸い大きなものが、……上っていきました。きらきらっと黄金のぶちが光りました。……そこらの月明かりの……やまなしのいいにおいでいっぱいでした。

おどるようにして、……追いました。水はサラサラ鳴り、……月光のにじがもかもか集まりました。

私の幻灯は、これでおしまいであります。

## ⚙2 指導の流れ

### ●思考のズレを生むポイント

「五月」と「十二月」を比較し，共通点と相違点を顕在化することで，題名が「十二月」の「やまなし」になっていることに着目する。

### ●課題

・「私の幻灯」の「私」とは誰だろう。

・「私の幻灯」の「の」はどういう意味だろう？

### ●思考のズレ

・「私」は作者の宮沢賢治だと思う。

・「私」は語り手だと思う。

・「の」は，「私」が「持っている」という意味だと思う。

・「の」は，「私」が「伝えたい」だと思う。

・「の」は，「私」が「大事にしている」だと思う。

### ●問い

「私の幻灯」の「の」を別の言葉にして言い換えよう。

### ●解決1　二枚の幻灯「五月」と「十二月」の共通点と相違点を見つけよう

【共通点】　かにの兄弟と父親が出てくる／谷川の底の話／天井から何かが落ちてくる

【相違点】　昼と夜／怖さと喜び

### ●解決2　色彩語に着目しよう

・五月……日光の黄金はとてもきらびやかだけれども，「魚」や「かわせみ」はそれをめちゃくちゃにして，恐怖を与えていると思う。最後に白いかばの花びらが「魚」の死を悼んでいるようにみえる。

・十二月……月の青白い光から落ち着きを感じる。「やまなし」は，青白い世界を壊すことなく，黄金にぶちを光らせたり，いいにおいを醸し出したりして，安心感や幸せを与えていると思う。

### ●解決3　題名に着目しよう

「五月」と「十二月」は，天上から落ちてくるものがあるところが一緒だけど，「十二月」の「やまなし」の方を題名にしているから，「私」は，「かわせみ」ではなく，「やまなし」が「かにの子どもら」に与えた影響を伝えたいんじゃないかな。

以上のことから，「私の」は，「私が大切にしている」「私が伝えたい」と言い換えることが妥当である。また，題名を付けるのは，語り手ではなく作者だから，「私」は宮沢賢治であるととらえることに妥当性がある。

**6年** 「ヒロシマのうた」（東京書籍）

# 文末表現「のです」が強調するものから作品を読む

**┌─ 授業のポイント ────**
「題名」の表記から「人物の変容」と作品のテーマに迫り，作品の「主題」を読むことを目指していく。

## 1 この教材の特性と構造図

　本作品は，「わたし」の視点を通して，ヒロ子と橋本さんの変容が描かれている。文末表現に着目すると，「のです」の多用が目に付く。文末の「のです」には，直前の叙述を強調するはたらきがある。強調された叙述に着目すると，三つの場面の役割が見える。場面はそれぞれ，「原爆の非人間性，母の愛」「橋本さんのヒロ子を育てる苦しさと本当の子として育てる決意」「ヒロ子の実の母と原爆に対する思い」を強調している。題名の「ヒロシマ」を「被爆地」，「うた」を「伝えたいこと」，「の」を「から伝える」と言い換えると，題名は，「被爆地ヒロシマから，原爆の非人間性と，苦境の中でもくじけずそれを乗り越えつながる人の愛を伝える」と表現できる。場面の役割，橋本さんとヒロ子の変容，「きのこ雲」が象徴するもの，色彩語「水色」の印象から，題名の意味を解釈することができる。

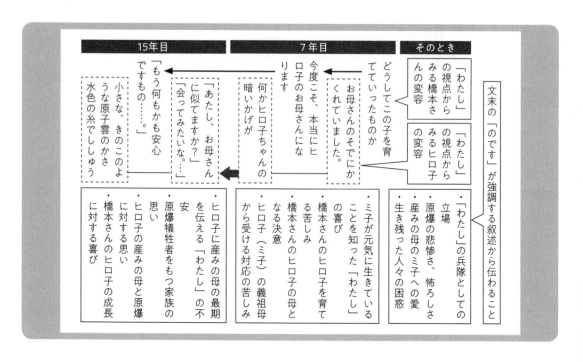

## ②　指導の流れ

### ●思考のズレを生むポイント

　題名「ヒロシマのうた」のカタカナ・平仮名表記の意味，助詞「の」のとらえ方の多様性から，解釈にズレが生まれる。

### ●課題

　題名「ヒロシマのうた」ってどんな意味？

### ●思考のズレ

・何で「広島」でなくて「ヒロシマ」なんだろう？→被爆地という意味であることを教える

・「ヒロシマ」のことを歌いましたっていう意味かな。

・「ヒロシマ」から歌いますっていう意味かな？

・誰も歌っていないよ。

・何で「歌」でなく「うた」なんだろう？

### ●問い

　「うた」ってどういう意味だろう？

### ●解決1　文末表現「のです」が強調していることからわかることは何？（〈構造図〉を参照）

・場面ごとに強調されていることが違う。

・橋本さんは変容している。

・ヒロ子も成長（変容）している。

・〈一場面〉の強調があるから，二人の変容の大変さがわかる。

・お母さんの子どもへの愛が伝わる。

### ●解決2　ヒロ子が原子雲を刺繍したのはなぜ？

・実のお母さんが自分を大切に守ってくれたことは，原爆の時の出来事でしか伝わらない。

・今のお母さんとも原爆がなければ出会っていない。

・稲毛さんとも出会っていない。

・ヒロ子は，実のお母さん，今のお母さん，稲毛さんに出会えたことは幸せなんじゃないかな。
　だって，水色の糸の刺繍は明るいイメージ。原子雲は四人を結ぶ象徴なんじゃないかな。

### ●解決3　題名「ヒロシマのうた」を言い換えよう

・「うた」は「伝えたいこと」かなあ？

・三つの場面が強調していることを伝えたいんだよ。

・「の」を「から」に言い換えると合いそう。

→「被爆地ヒロシマから，原爆の非人間性と，苦境の中でもくじけずそれを乗り越えてつながる人の愛を伝えます」

# 作品全体の構成をとらえ，中心人物の変容を読む

**授業のポイント**

作品構成の「はじめ」部分の「設定」から作品の「伏線」と結末部分との関係を読むことによって，中心人物がどんなことによって変容したのかを読むことを目指す。

## 1 この教材の特性と構造図

　この物語は，四年生のぼくと仲良しの友達である六年生のいわたくん，そしてそのおばあちゃんとの関係と，いわたくんのおばあちゃんが家族と一緒に写真を撮るのを嫌がる理由とその理由を知るぼくの心情について，ぼくを視点として描いた物語である。

　物語は，三部構成になっており，はじめでは，登場人物の関係とともに，原爆の後も生き残った校庭のにわうるしの木や写真を撮るのを嫌がるいわたくんちのおばあちゃんが伏線として描かれている。中では，おばあちゃんの家族写真について「平和学習」の時間にいわたくんのお母さんによって語られた内容が明らかにされていて，終わりでは，その話から，おばあちゃんが写真を嫌がる理由と戦争に対する僕の心情がはじめと対応させるように描かれている。構成や伏線をとらえ読むことができる物語である。

| 終わり | 中 | はじめ |
|---|---|---|
| ぼく，大人になっても戦争せんよ。ほんとよ。 | 八月六日の朝、原子爆弾が投下 | 六年のいわたくん　仲良しの友達 |
| ぼく、戦争せんけえね。（三回繰り返し。） | 八月の初めにとった古い写真　家族全員の写真 | ぼくは四年生。徒競走、がんばったけど三等。 |
| 戦争も平和も見てきた木。何でうれしそうに手をふり返す | 「平和学習」の時間　いわたくんのお母さんがしてくれたおばあさん（ちづこさん）の話 | 校庭のにわうるしの木 |

（表内・縦書き）

**終わり**

校庭のにわうるしの木
この木はあの日もここにいた。
戦争も平和も見てきた木。何で

いわたくんのおばあちゃん
にわうるしの木の下にいる。
うれしそうに手をふり返す

ぼく、戦争せんけえね。（三回繰り返し。）

ぼく、大人になっても戦争せんよ。ほんとよ。

ずうっと家族といっしょにいたくて、……、だから、いっしょに写真をとらんのよ。

**中**

「平和学習」の時間　いわたくんのお母さんがしてくれたおばあさん（ちづこさん）の話

八月の初めにとった古い写真　家族全員の写真
お父さんとお母さんと仲の良い四人の姉妹

八月六日の朝、原子爆弾が投下　ちづこさんは独りぼっちに
写真を見ることができたのは、ちづこさんただ一人

**はじめ**

六年のいわたくん　仲良しの友達

ぼくは四年生。徒競走、がんばったけど三等。

いわたくんのおばあちゃん
絶対に家族といっしょに写真をとらん。

校庭のにわうるしの木
原爆で焼けて、でもしっかり生きていて、また芽を出した木。
ぼくよりも、たくさんたくさんがんばった木。

ぼく、……何でいっしょに写真をとらんのか知っとるんよ。

## ②　指導の流れ

### ●思考のズレを生むポイント

　教材の特性として，ぼくの心情を表す言葉が多く含まれている。そのため，ぼくの心情が大きく変わったところはとらえやすい。だが，何をきっかけに変わったのかを問うと，思考のズレが生じることが予想される。

### ●課題

　中心人物の変容を一文で表すと？

### ●思考のズレ

・終わりの登場人物は「戦争せんけえね。」のくり返しでわかるけど，何をきっかけに変わったのかな。

・平和学習でのおばあさんの家族写真の話を聞いて変わった。

・戦争も平和も見てきた校庭のにわうるしの木に問いかけることによって変わった。

### ●問い

　ぼくの心情は何によってどのように変わったのか？

### ●解決1

　まず，作品の構成をとらえるため，「物語をはじめ・中・終わりの三つに分ける」ことについて考える。そこで，「平和学習」の時間のいわたくんのお母さんがしてくれたちづこさん（おばあちゃん）の話を中とし，運動会の日の今日であるはじめと終わりで挟んだ構成になっていることを読んでいく。その際，「はじめと終わりに共通して出ているもの」を問うことで，はじめの場面に校庭のにわうるしの木といわたくんのおばあちゃんが写真を嫌がることが伏線として描かれていることを確認していく。

### ●解決2

　そして，「物語の最初と最後で，ぼくの心情がどう変わったか」を読んでいく。ぼくの視点から書かれているこの物語では，「ぼく，戦争せんけえね。」の三回のくり返しと，「ぼく，大人になっても戦争せんよ。ほんとよ。」から，ぼくの戦争に対する強い思いを読み取る。

### ●解決3

　最後に，ぼくの戦争に対する強い思いは何によって生まれたのかを考え，一文で表す。その際，はじめと終わりに共通して出てくるものの役割を考える。原爆で焼けてもなおしっかり生きて，また芽を出した校庭のにわうるしの木。その下でうれしそうに手をふり返すおばあちゃんも，原子爆弾が投下され独りぼっちになっても生き抜いてきた，たくさんがんばった存在である。戦争も平和も見てきたものを前に，戦争について問い返すことで生まれた，「戦争せんけえね。」というぼくの強い気持ちを一文にまとめていく。

**【執筆者一覧】**（執筆順，＊は執筆担当箇所）

白石　範孝　　明星大学教授

＊１章

藤平　剛士　　相模女子大学小学部

＊２・３章１年，２章６年「メディアと人間社会」

江見みどり　　杉並区高井戸第四小学校

＊２・３章２年「たんぽぽの　ちえ」「ミリーのすてきなぼうし」「お手紙」「かさこじぞう」，
３章３年「クマの風船」，２章５年「想像力のスイッチを入れよう」

駒形みゆき　　杉並区立高井戸小学校

＊２・３章２年「サツマイモのそだて方」「ビーバーの　大工事」「あなの　やくわり」「ジオジオのかんむり」，２章５年「和の文化を受けつぐ──和菓子をさぐる」

辻畑　誠子　　武蔵野市立第二小学校

＊２・３章２年「馬のおもちゃの作り方」「スイミー」「ニャーゴ」「スーホの白い馬」

小島　美和　　杉並区立桃井第五小学校

＊２・３章３年「『ほけんだより』を読みくらべよう」「すがたをかえる大豆」「人をつつむ形──世界の家めぐり」「きつつきの商売」，３章５年「大造じいさんとガン」，３章６年「いわたくんちのおばあちゃん」

船津　涼子　　東京女学館小学校

＊２・３章３年「自然のかくし絵」「パラリンピックが目指すもの」「サーカスのライオン」「ゆうすげ村の小さな旅館──ウサギのダイコン」，３章５年「雪わたり」

関口　佳美　　三鷹市立高山小学校

＊２・３章３年「ありの行列」「まいごのかぎ」「ちいちゃんのかげおくり」「モチモチの木」，２章５年「『弱いロボット』だからできること」

田島　亮一　　明星大学講師

＊２・３章４年

横山　健悟　　調布市立深大寺小学校

＊２・３章５年「動物たちが教えてくれる海の中のくらし」「言葉の意味が分かること」「固有種が教えてくれること」「なまえつけてよ」「世界でいちばんやかましい音」「たずねびと」「注文の多い料理店」

野中　太一　　暁星小学校

＊２・３章６年「イースター島にはなぜ森林がないのか」「時計の時間と心の時間」「町の幸福論──コミュニティデザインを考える」「『鳥獣戯画』を読む」「大切な人と深くつながるために」「プロフェッショナルたち」「今，あなたに考えてほしいこと」「君たちに伝えたいこと」「インターネットの投稿を読み比べよう」「帰り道」「海のいのち」「やまなし」「ヒロシマのうた」

【編著者紹介】

白石　範孝（しらいし　のりたか）

1955年，鹿児島生まれ。東京都小学校教諭，筑波大学附属小学校教諭を経て，2016年4月より，明星大学客員教授，2017年4月より，常勤教授。「考える国語」研究会千尋の会会長，「考える国語」セミナー会長。

主な著書に『白石範孝の国語授業　おさえておきたい指導の要点＆技術50』『白石範孝の国語授業　国語のツボをおさえた「考える国語」の授業づくり—知識・技能をたしかに習得させる指導のワザ 』（いずれも明治図書）『白石範孝の国語授業の技術』『白石範孝の「教材研究」—教材分析と単元構想—』（いずれも東洋館出版社）『国語授業を変える「用語」』,『国語授業を変える「漢字指導」』（いずれも文溪堂）他多数。

教材分析から課題，思考のズレ，問い，解決まで
わかる！
論理的に思考する「考える国語」の授業づくり

2021年8月初版第1刷刊　©編著者　白　石　範　孝
2024年1月初版第4刷刊　　発行者　藤　原　光　政
発行所　明治図書出版株式会社
http://www.meijitosho.co.jp
（企画）木山麻衣子（校正）丹治梨奈
〒114-0023　東京都北区滝野川7-46-1
振替00160-5-151318　電話03(5907)6702
ご注文窓口　電話03(5907)6668

＊検印省略　　　　組版所　長　野　印　刷　商　工　株　式　会　社

Printed in Japan　　　　　　ISBN978-4-18-389417-5
もれなくクーポンがもらえる！読者アンケートはこちらから　→